A GRANDE REVOLUÇÃO

A REVOLUÇÃO DO AMOR

LUIZ ROBERTO MATTOS

"Dedico este livro a todos os revolucionários, visionários e sonhadores, do passado e do presente, que têm tentado construir um mundo melhor"

ÍNDICE

INTRODUÇÃO

A moderna ciência já encontrou pegadas humanas datando de cerca de 3,5 milhões de anos. E, em breve, encontrará marcas da existência do homem há muito mais tempo. Essa e outras descobertas demonstram como o homem é antigo na face da Terra. Muito mais antigo do que supomos.

Desde o surgimento do homem biológico, carnal, descendente dos primatas, ele vem lutando para sobreviver no meio inóspito em que vive. Os homens primitivos lutavam contra as feras que os atacavam, e lutavam entre si, grupos contra grupos, disputando regatos de água fresca, caça, território.

Com o passar do tempo, e com o surgimento de grupos humanos numerosos, tribos e clãs deram nascimento a vilas, aldeias e cidades. Com isso, surgiram inúmeros problemas, tais como abastecimento de água, esgotos, alimentos, vestuários, moradia, energia e outros.

Em todos os cantos do Planeta surgiram cidades, e, com elas, variados problemas e conflitos. Às vezes temos a impressão que o homem ainda não aprendeu a viver em comunidade, partilhando bens comuns e públicos com o seu semelhante, com os seus vizinhos. O homem ainda é muito individualista, e não tem muita consciência de grupo, de conjunto, de sociedade.

Quando o homem inventou as armas, inventou algo que os animais não conheciam, a guerra. Ele lutava pela caça, pelo alimento, pelo território, pelos rios, pelas conquistas de outros grupos humanos, inimigos em potenciais, mesmo que esses nunca fossem agressores.

A guerra é uma característica do homem, desde o seu surgimento.

O homem sempre tem tentado resolver seus problemas, suas disputas, suas contendas, fazendo uso da força, das armas, dos exércitos, da violência.

Parece que ainda não compreendeu que violência sempre gerou violência, e nunca gerará outra coisa.

Através da história, temos estudado os diversos povos, em diversas localidades geográficas do Planeta, sempre guerreando uns com os outros, por um motivo ou por outro, ou mesmo sem motivo algum. Temos estudado as guerras e suas consequências, que são outras guerras. Isso porque os perdedores nunca ficam satisfeitos com a derrota, e labutam arduamente por uma revanche, por uma desforra. O caso da Alemanha, que perdeu a primeira Grande Guerra, foi humilhada durante anos e trabalhou pela desforra, é típico.

Em todas as épocas, em todos os povos, temos visto tiranos subirem e caírem, por meio de revoluções e golpes de estado. Uma revolução os coloca no topo do poder para, logo em seguida, outra os derrubar.

Temos visto populações famintas e revoltadas se sublevarem contra seus governantes insensíveis e inescrupulosos, e lhes cortarem a cabeça, às vezes literalmente mesmo, como na Revolução Francesa que explodiu em 1789 e na Revolução Bolchevista na Rússia, em 1917. Uma revolução não acontece da noite para o dia. As revoluções são como a fabricação do pão, preparado lentamente, fermentado e finalmente assado no forno. Requer-se tempo. E as revoluções só ocorrem onde haja terrenos férteis para elas, ou seja, insatisfação popular. E essa insatisfação pode ser por causa da política, economia ou outros fatores, mas que na verdade se resumem na economia, no bolso, no estômago, na falta de alimentos, moradia, saúde...

Nenhum povo rico, satisfeito, bem alimentado, se revolta ou pensa em fazer guerra ou derrubar governantes.

Somente do século XVIII para cá, podemos relacionar inúmeras revoluções: a Americana, que foi o movimento de libertação do domínio inglês; a Revolução Francesa, devido a longos períodos de miséria, de fome do povo, contrastando com o luxo na corte; a Mexicana, a Revolução Russa, a Revolução Chinesa, a Vietnamita, a Cubana, a Nicaraguense, a Iraniana.

Revoluções e mais Revoluções, que poderiam encher toda uma página. Muitas delas com o pretexto de melhorar a vida do povo, de garantir alimentos, moradia, saúde, educação e tudo o mais, sem que fossem cumpridas as promessas.

Algumas cumpriram em parte, dando muito de um lado, mas tirando de outro. Muitos países, muitos governos dão relativo conforto material ao povo, mas não lhe dão tantos direitos e liberdades de reclamarem o que não está bem.

Tem-se que aceitar tudo como está, sem que se possa lutar por melhorias. Não há direito de greve, sindicatos, manifestações populares e livre expressão através da imprensa. Geralmente há, em alguns países ditos socialistas, um medo geral, em termos de governo, soberano, autoritário e castrador.

O Estado pode tudo, faz tudo. E lembra-se, em alguns ca os, os Impérios Romano e Nazista, onde o Estado, na figura do Imperador, era o deus-todo-poderoso, senhor da vida e da morte.

Apesar de tantas guerras e revoluções, o mundo não melhorou substancialmente, porque o homem não mudou substancialmente.

Somente nesses últimos dois mil anos experimentamos mais de cinco mil guerras, sem contar as revoluções. E em que essas guerras contribuíram para a mudança substancial do ser humano? As guerras geraram novas guerras, que geraram novas guerras, e que poderão gerar novas guerras. Mas as guerras de hoje não são como as do tempo das lanças, das flechas, dos mosquetes, espadas e catapultas. Tampouco como as dos tempos dos canhões que atiravam bolas de ferro, ou dos aviões quase de brinquedo. As guerras hoje são de aviões supersônicos, bombardeiros implacáveis, que levam toneladas de bombas, incluindo bombas atômicas.

São de mísseis com ogivas nucleares, submarinos atômicos, satélites, naves espaciais. Os riscos de uma catástrofe nuclear que pode destruir toda a humanidade, hoje, ainda existem. Não se pode brincar mais de guerra, de   atacar um país porque roubaram a mulher do rei, como nos tempos de Tróia.   Os governantes, hoje, têm que ser, forçosamente, bem mais responsáveis, pois deles depende a continuação da espécie.

Não podemos mais cruzar os braços e deixar o destino de nosso planeta nas mãos de meia dúzia de políticos. Temos que atuar, e, principalmente, analisar qual a melhor maneira de se evitar a violência, a fome, a guerra, o desemprego e outros males que afligem a humanidade. Não podemos, diante do conhecimento da História, esperar realmente resolver os problemas pela força, pela violência e pela guerra, visto que esses métodos nunca resolveram satisfatoriamente os problemas.

A violência, a repressão e o terror um dia acabam explodindo em revolta, e aí teremos mais violência, revolução, repressão, terror, guerra, ódio, revanche e vingança.

A humanidade agora precisa de outro tipo de revolução, mais eficaz e duradoura, que mude substancialmente a ordem das coisas e as estruturas sociais, políticas, econômicas, educacionais, através da mudança substancial do homem, através de uma Revolução Interior, uma Revolução de Amor, que mexa na essência do SER.

CAPÍTULO I

Início da Revolução: Autoconhecimento

As pessoas costumam dizer que a sociedade está errada de cabo a rabo; que o sistema político é errado, o sistema econômico é errado, idem os sistemas sociais, educacionais, de transportes, energia. Em síntese, tudo na sociedade está errado. E essas pessoas que pensam assim acabam muitas vezes se alienando dentro dessa sociedade errada, fazendo uso do álcool, drogas, sexo e outras coisas mais. O que tem de gente alienada nesta sociedade não está no gibi. Mas espere aí, e o que é a sociedade? São prédios, casas, ruas, postes, dinheiro, combustível? Nada disso anda por aí só, nem pensa ou toma decisões. Os carros cheios de combustível não andam sem um motorista. Prédios e casas não se constroem por si sós. Ruas não surgem tomada. Postes não se levantam sozinhos. E dinheiro não se faz sem as mãos humanas.

Então, quem comanda tudo isso na sociedade? Quem levanta as Cidades? Quem as governam administram? -Quem governa os Estados e os Países? Somos nós, humanos, e, não, máquinas ou papel. A sociedade somos nós! A sociedade em que vivemos é reflexo de nós mesmos, por que nós a fazemos. E por isso somos responsáveis por tudo que existe na sociedade. Se ela estão errada é porque seus componentes, na sua maioria, estão errados. Se a sociedade é egoísta, como muitos gostam de afirmar, é porque ela é reflexo de pessoas egoístas que vivem juntas. Se ela é capitalista, é porque é reflexo de pessoas mentalmente capitalistas. Se é socialista, é reflexo de pessoas socialistas. Se é agressiva e violenta, é reflexo de nós mesmos, e assim por diante.

Temos uma tendência fortíssima para transferir nossos erros e defeitos para coisas ou pessoas exteriores. Nunca assumimos nossos defeitos e lutamos para consertá-los. É muito mais fácil e cômodo jogar a culpa em alguém ou na abstrata sociedade por nossas incompetências, frustações, egoísmo, agressividade ou revolta. É mais difícil analisar-se e tentar mudar-se para melhor. Por isso, jogamos a culpa sempre na sociedade. Mas, como ela é apenas reflexo de nós mesmos, então, a culpa acaba sendo nossa.Mas nós não assumimos nunca a culpa das coisas erradas que vemos ou fazemos.

Há pessoas que acham que a sociedade está errada e querem mudá-la com as próprias mãos, através da violência. São os terroristas e guerrilheiros. Os primeiros, colocam bombas em locais públicos. Matam pessoas, para mostrarem á sociedade que ela está errada, que ela é violenta. Mas, a sociedade é violenta por que eles são violentos. E a revolta deles, bem como sua maneira de tentar mudá-la, tornam a sociedade ainda mais violenta. Eles querem fazer uma sociedade onde reine a paz, mas por meio de bombas e mortes. Há em alguns países grupos de cidadãos insatisfeitos com seus governos autoritários e incompetentes que lutam, na clandestinidade ou abertamente, para a derrubada do governo. Há muita luta armada, guerrilha, onde morrem milhares.

Às vezes, os guerrilheiros são exterminados como insetos; outras vezes, eles vencem, e impõem seu governo não menos autoritário, violento e repressor, reflexo do que são os governantes.

Nas Revoluções e golpes de estados, governantes sucedem governantes, e muito raramente a sociedade muda realmente. E isso porque não se muda uma sociedade por decretos e leis. Não se muda uma sociedade sem a mudança dos indivíduos que a formam, que a compõem, e da qual ela é reflexo.

Em todas as sociedades há pessoas insatisfeitas, que contestam. São escritores, poetas, músicos, políticos, religiosos ou pessoas simples, que muitas vezes são perseguidos por causa de sua insatisfação, e vivem na clandestinidade, revoltados. Isso acontece muito nos países de regime autoritário. Já nos países mais liberais, os contestadores gritam e reclamam a céu aberto, nas ruas, praças, jornais, televisão ou

Parlamentos. Mas, os poetas, músicos, escritores ou políticos não têm conseguido alterar grande coisa na sociedade, porque eles pregam para os outros, mas raramente vivem de acordo com o que pregam. Uns falam de divisão de rendas e comunismo, e não passam de grandes egoístas, que nada dão a ninguém. Outros cantam e decantam o amor, sem mesmo saber o que é realmente amor. Muitos têm uma paixão vulgar e passageira e passam logo a cantar inspirados nessa paixão. Um mês depois acabou a paixão. Outros pregam reforma agrária, divisão de terras, mas não se desfazem de suas terras, e muitos mantêm empregados em regime de quase escravidão, enquanto pregam distribuição de terras para camponeses. O mundo está cheio de hipócritas, que querem transformá-lo sem antes transformarem-se a si próprios.

O homem tem que compreender que a base para as reformas sociais tem que ser a reforma do próprio homem. A sociedade muda em decorrência e como reflexo da mudança dos indivíduos que a compõem.

Partindo deste postulado, o que temos a fazer é iniciarmos um processo de autoconhecimento, para descobrirmos a nós mesmos, que muitas vezes não conhecemos realmente, e, a partir daí, trabalharmos arduamente para nos modificarmos. Isso, se queremos realmente mudar a sociedade e o mundo.

Um processo de autoconhecimento consiste basicamente em estar desperto, atento e consciente a tudo que acontece dentro e fora de nós. Todos os nossos pensamentos, ideias, conceitos, desejos, preconceitos, frustrações, temores, vaidades, devem ser observados com extrema atenção. Tudo deve ser sentido, avaliado e analisado. Todas as nossas reações a estímulos externos, sejam provenientes de coisas ou pessoas, devem ser calma e pacientemente analisados, para que tenhamos plena consciência de nossas reações, nossa personalidade e tudo o mais.

Através da meditação interior, da plena atenção na vida diária, da atenção em nós mesmos, vamos descobrindo pouco a pouco o quanto somos egoístas, individualistas, orgulhosos, vaidosos, avarentos, agressivos. Descobri que guardamos rancor, que odiamos e que desejamos muitas vezes nos vingar de alguém. Descobrimos que muitas vezes utilizamos a força dos músculos ou das armas para resolvermos problemas que não sabemos resolver com diálogo, compreensão, tolerância, paciência, amor...

Há muitas "terras" desconhecidas dentro do homem, que ele precisa conquistar. Já conquistamos tanto em nosso planeta, como montanhas, rios, mares e países. Conquistamos a Lua. Nossas máquinas foram a Marte e mais adiante ainda. No entanto, ainda somos um completo mistério para nós próprios.

Não nos conhecemos. Temos que voltar nossos olhos para nós mesmos, agora.

A ciência e a tecnologia humanas foram muito longe. Descobriram e inventaram maravilhas. Mas, apesar de toda a tecnologia de que dispomos, quase nada sabemos a respeito de nós mesmos, de onde e como viemos e para onde vamos.

Vamos tentar fazer uma análise de alguns aspectos da sociedade, como economia, política, educação, saúde, ciência, religião e outros, e como uma mudança interior do homem produzirá uma mudança desses aspectos da sociedade.

CAPITULO II
A Revolução Educacional

Educação é a base de tudo. Não apenas a educação dos outros, mas, principalmente, a nossa própria educação, a nossa autoeducação. Educar-se para poder educar.

É na área da educação que precisa haver a maior revolução, pois hoje ela está muito deficiente. E não falamos em falta de escolas, salas, cadeiras, material, não. Falamos em objetivos de educação. Falamos dessa educação que ensina múltiplas coisas sem aplicação, que ensina a competir de todo modo, a pensar em defender o seu, que especializa as pessoas em profissões e não lhes dá conhecimento de si mesmos, nem paz interior, equilíbrio, senso comunitário.

Estudamos mais de dez anos seguidos, às vezes até vinte anos, ou mais.

Entramos nas universidades, nos formamos, fazemos mestrado, doutorado. Ficamos cheios de títulos de cursos, e, no entanto, pouco sabemos a respeito de nós mesmos, a respeito do que somos, por quê vivemos, qual a nossa origem, qual o nosso futuro. Não sabemos se realmente são verdades as coisas que nos dizem as religiões. E as universidades não se preocupam com isso. Só se preocupam em especializar. Apenas os estudantes de Filosofia e Psicologia estudam um pouquinho sobre o homem. De modo superficial.

Uma educação de verdade deveria despertar as crianças desde cedo a pensar, a raciocinar sobre o que elas são, sobre sua participação na comunidade e no mundo em que vivem. Deveria ser despertada a curiosidade das crianças para as coisas, os fenômenos e as leis que as cercam. Não se deveria esperar que as crianças se tornassem velhos para que começassem a pensar e a filosofar. Já dizia Epicuro de Samos, filósofo da Grécia: "Nunca se protele o filosofar quando se é jovem, nem canse a fazê-lo quando se é velho, pois que ninguém é jamais pouco maduro, nem demasiado maduro para conquistar a saúde da alma. E quem diz que a hora de filosofar ainda não chegou ou já passou, assemelha-se ao que diz que ainda não chegou ou já passou a hora de ser feliz."

É muito importante que as escolas, desde o ensino fundamental até a universidade, façam as pessoas pensarem. Não somos robôs.

Nao estamos no mundo apenas para somar, subtrair, apertar parafusos, acimentar, carregar, comer, dormir, sonhar. Há mais, há muitomais que a maioria das pessoas não sabe. E se elas soubessem, seriam muito mais felizes, teriam mais paz interior,

mais esperança. Não teriam medo de morrer.

Por que as Escolas não ensinam e não incentivam os alunos a pensar? Que interesse pode haver por trás disso? Negar a conquista de si mesmo às pessoas? Negar a felicidade, a paz, a confiança, a sabedoria?

A educação escolar deve ampliar a educação doméstica, e as duas devem levar o indivíduo a um maior conhecimento de si mesmo. Conhecendo-se, o indivíduo pode começar a mudar-se, a transformar-se.

A escola, assim como o lar, deve ensinar o respeito ás pessoas, o respeito aos direitos dos outros, à justiça, que, segundo o jurista romano Ulpiano, é dar a cada um o que lhe é de direito, o que lhe pertence.

Deve, ainda, ensinar a honestidade, o zelo pelos bens públicos, o amor ao

próximo, a humildade, a simplicidade. Deve ensinar que o crime não compensa,

que o ódio e o desejo de vingança destroem o indivíduo.

Deve ensinar aos jovens a não desejar o poder para utilizar-se dele em benefício próprio, mas em benefício de

10

todos, do bem comum. E deve ensinar, principalmente, a se conhecer, como dizia Sócrates, filósofo grego.

A educação pode transformar o homem, e, então, o homem transformará o mundo.

Uma educação bem dirigida pode muito, pode infinitamente. Principalmente se ela tem ao seu dispor os recursos tecnológicos de que já dispomos, como televisão, DVD, BlueRay, computador, internet, satélites, e muito mais.

A educação, hoje, está meio perdida, sem rumo, sem objetivo bem definido, sem futuro. Os meios de comunicação concorrem enormemente para a deseducação, para a desinformação e criação de deformidades de caráter.

Vemos, por exemplo, toda a sociedade querendo erradicar a criminalidade, a marginalidade. Todos temem os assaltos, os criminosos, a violência. No entanto, pais ainda dão de presente armas de brinquedo aos filhos. O que é que eles esperam? Se as crianças começam a gostar de armas desde cedo, quando estiverem grandes será bastante difícil mudar suas cabeças. Todos nós deveríamos pressionar nossos representantes políticos a tomar a iniciativa de fazer lei proibindo a fabricação de armas de brinquedo. Medida que surtiria efeito a médio e longo prazo, mas teria utilidade.

Outra coisa. Os filmes de violência, que passam o dia inteiro na televisão, e também nos canais fechados. Se criança passam o dia todo em casa, grudadas na televisão, vendo filmes de criminalidade e violência, como esperar que elas não fiquem violentas? Esses filmes deveriam ser proibidos em horários vespertinos e matutinos. Acho que não deveriam ser exibidos em horário algum, pois nada acrescentam a nenhum de nós. Apenas despertam nosso lado violento. E tudo isso concorre para a sociedade violenta em que vivemos A televisão ensina a cometer crimes, ensinando inclusive técnicas sofisticadas. Como é que queremos acabar com a violência?

A educação, doméstica e escolar, deve ensinar às pessoas a trabalhar para todos, não apenas para si, cultivando o egoísmo e o individualismo. Se cada um de nos trabalhasse pensando em todos, produziríamos mais em todos os setores, e tudo seria melhor, pois nada faltaria a ninguém.

Enquanto permanecermos pensando em nós mesmos, as coisas serão sempre como agora.

Vemos, por exemplo, algumas funcionários públicos que enrolam, trabalham o mínimo possível, e só querem ganhar bem. Há essa tendência, de se querer trabalhar pouco e ganhar muito. Isso é uma aberração, e tem que acabar, por meio de uma educação diferente, inclusive se incluindo nos currículos escolares disciplina que ensine a estrutura do município, estado e união, ensinando o zelo pelo patrimônio público. maneira de se encarar as empresas públicas tem que mudar. Ainda há muitas pessoas buscam empregos públicos através de "pistolões políticos" para nada fazerem e ganharem dinheiro fácil. Essa mentalidade de descaso para as coisas públicas tem que ser modificada. E esse papel cabe à educação, tanto doméstica como escolar.

Precisamos aprender a zelar pelas repartições públicas, pelos prédios, escolas, transportes coletivos, por tudo que é público, tudo que é utilizado por todos nós.

Não podemos deixar que depredem o que custa o nosso dinheiro, que vem do nosso trabalho. Tudo isso só pode ser conseguido com uma educação diferente, que ensine a viver em comunidade, que ensine a viver em sociedade.

Há, ainda, muitas pessoas que vivem nas cidades como se vivessem sozinhas numa ilha, sem se importar com os outros, com os direitos dos outros.

Vemos pessoas jogando lixo nas ruas. Vemos pessoas depredando as instalações de utilidade pública, como

12

sanitários, ônibus, parques, jardins. Tudo fruto da falta de educação.   Só

a educação pode resolver os nossos problemas.

Temos que nos educar para nos sentirmos cidadãos do mundo, do Planeta Terra, e não apenas de um país. O orgulho de raça, de povo, de nacionalidade, só tem levado a guerras, haja vista o que aconteceu com o povo alemão na Segunda Guerra Mundial, e o que acontece hoje em vários países que se encontram em guerra interna.

Temos que nos educar para preservar a natureza, a   ecologia, a fauna e a flora, se quisermos sobreviver por muito tempo neste planeta.   Se continuarmos   a destruir todo o verde do planeta, em breve não teremos oxigênio para respirar, e morreremos.   Todos   precisamos tratar melhor os animais, nossos conterrâneos, pois nasceram e vivem na nossa mesma Terra, que é   o   Planeta Terra.

Precisamos nos educar para viver como irmãos que somos, e nos amarmos   mutuamente. Porque só o amor poderá dar a paz que o mundo precisa para sobreviver.   Só o amor é capaz de unir os homens, acabar com as guerras, com a violência, com o ódio e com a miséria. Precisamos despertar em nós e em nossos filhos o sentimento do amor fraterno, do amor universal, que une atodos os homens como irmãos que são, pois todos têm a mesma origem e habitam a mesma casa, esse cisco no mar do universo.

CAPÍTULO III
A Revolução Política

Após longos períodos de meditação e desejes de transformar o mundo, chegamos finalmente à conclusão de que ele só mudará com a mudança do homem. Não acreditamos mais em soluções paliativas para os problemas da humanidade. Nenhuma das que surgiram até hoje deram resultado. Haja vista o estado em que o mundo hoje se encontra.

Iniciaremos por uma abordagem política do mundo. Vejamos como o mundo se apresenta no real, e como ele poderá estar com uma revolução interior do homem.

O mundo em que vivemos, nos diversos países, está cheio de ditaduras.Há ditaduras militares, das armas; há ditaduras do poder econômico, ditas democráticas; há ditaduras das ideias, ideologias. E isso porque o homem é um ditador em potencial. Ele gosta de impor suas ideias, seus conceitos, o seus pontos-de-vista, porque os acha sempre mais corretos e melhores para todos.

Se visitarmos os lares de todos os homens que se dizem altamente democratas e liberais, veremos que muitos deles são ditadores domésticos. São tiranos do lar, onde reinam soberanos, sem que possa haver contestação, opinião, crítica. Agora, vejam, se uma pessoa dentro de seu próprio lar, com sua família, é um ditador, como poderá ser um liberal, um democrata, na política, no governo?

A família, como todos sabemos, é a célula mater da sociedade. O que isso significa que a família é a base, a estrutura, o arcabouço, e uma miniatura da sociedade. Tudo que acontece na sociedade tem repercussão no seio da família, e muito melhor dizendo, tudo que acontece na família tem repercussão na sociedade.Na verdade, a sociedade é um somatório de todas as famílias, que são agregados humanos. E, por isso, todas as

14

mudanças sociais começam na família, e depois se exteriorizam e repercutem na sociedade.

Alguns pensadores e sociólogos dizem com muita propriedade que um indivíduo que não se relaciona bem com sua família não se relaciona bem com outras pessoas, com a sociedade. Se alguém não sabe viver em família, que é uma miniatura da sociedade maior, também não sabe viver nesta última. A educação familiar, doméstica, é fundamental para a preparação do indivíduo que vai viver em comunidade. É na família, no lar, que os pais devem ensinar as crianças a viver em comunidade, a repartir as coisas e os bens, visando sempre o bem-estar do grupo. Aí começa a educação comunitária, e não na universidade. É em casa que se deve ensinar às crianças e aos jovens a não ser egoísta, a não querer tudo para si, a não ser desonesto, a zelar pelo patrimônio comum da família, que mais tarde será o patrimônio público, o erário, o dinheiro público, que vem dos bolsos dos pais de família que trabalham. Sem essas noções dentro do lar, não poderá jamais haver honestidade, probidade, e zelo para com as coisas públicas.

Agora vamos tratar mais diretamente da política. Já vimos que a família é a célula do corpo social, e que devemos iniciar as transformações sociais dentro de nossos lares, e, principalmente, dentro de cada um de nós.

A educação no lar, e principalmente o comportamento dos pais, influenciará sobremaneira o comportamento dos futuros cidadãos, dos futuros políticos e administradores. Se, por exemplo, uma criança cresce e é educada em um lar onde reina um déspota, um tirano ditador, que não dá direito algum de contestação e crítica, onde não há liberdade de expressão, como poderemos esperar que no futuro essa criança venha a ser um governante democrático? Pode acontecer de ele vencer toda a educação que recebeu, e isso acontece em alguns casos, mas, o mais provável, é que essa criança se torne um ditador autoritário, porque ele não aprendeu lições de democracia, liberdade de expressão, tão necessários a um liberal, a um democrata respeitador dos direitos e opiniões da maioria.

Se uma criança não é educada com firmes exemplos de honestidade de seus pais, é possível que ela no futuro se torne desonesta. Criança é como macaco, um imitador em potencial, que tende sempre a imitar os pais. Por isso, é importante que os pais não apenas deem bons exemplos, mas, e mais importante, que sejam exemplos vivos, reais, do que tentam ensinar aos filhos.

É importante ensinar e educar as crianças e os jovens para serem responsáveis, dando-lhes responsabilidades e uma certa liberdade, de acordo com a maturidade que tenham. É claro que não se pode dar muita liberdade àqueles que não são responsáveis, pois eles não saberiam aproveitar a liberdade, e poderiam inclusive utilizá-la mal, e prejudicar os outros.

É muito importante a educação política das crianças e jovens, que amanhã governarão e administrarão o mundo.
Temos que fazê-las pensar em comunidade, no conjunto, no bem-estar de todos. Temos que educar no sentido de diminuir o egoísmo que há em cada um de nós, não apenas os jovens e as crianças, mas também os adultos. Somente nos tornando menos egoístas poderemos dar bons exemplos e educar bem os futuros políticos e governantes. Se as crianças crescem egoístas, individualistas, sonhando em ficar ricas custe o que custar, sem se sensibilizar com a miséria e a fome de populações inteiras, o que acontecerá é que elas serão como os políticos que temos hoje, que colocam seus interesses pessoais, seus sonhos, sua posição, poder e prestígio acima das necessidades da população, seus eleitores. Vemos, então, políticos trocarem de partido como se trocassem de roupas, de acordo com seus interesses, sem perguntar àqueles que os elegeram naquele partido se concordam ou não. Muitos candidatam-se por um

Partido fazendo demagogia e mentindo. São eleitos. Logo depois mudam de Partido, muitas vezes para um lado totalmente oposto. É o que chamamos de "pular o muro". São os interesses pessoais que prevalecem, e o desrespeito aos eleitores, que os colocaram no poder, que lhes deram prestígio, fama e dinheiro.

Políticos estão sempre a prometer. É claro, se eles não prometerem nas campanhas, nem sequer serão eleitos. Mas, depois de eleitos, as promessas são esquecidas.

O povo, na verdade, funciona quase sempre como trampolim político, sempre usado e enganado.

Por que geralmente só os espertos, malandros e maliciosos entram na política? Não há ingênuos na política. Esses não entram. Para ser político tem que ser "vivo", malicioso, hipócrita, demagogo. Esses é que fazem as mais brilhantes carreiras políticas. Por quê? Precisamos corrigir isso. Precisamos nos educar para educarmos as crianças em um outro sentido, de honestidade, sem demagogia. Os políticos têm realmente que representar os seus eleitores, o que não acontece na realidade, e nós o sabemos. Eles representam os interesses de grupos econômicos ou de seus próprios interesses, menos os dos seus eleitores, sempre relegados a segundo plano, sempre esquecidos e maltratados.

Precisamos nos educar também para votar bem.

Não sabemos votar. Não pensamos correta nem honestamente.

Colocamos muitas vezes os interesses imediatistas na frente dos interesses reais futuros. Nos vendemos, vendemos nossos votos por emprego, por comida, por roupa, por promessas impossíveis. Muitas vezes nos arrependemos, mas isso não basta. Temos que nos educar para pensarmos no todo, na coletividade, para colocarmos os interesses do grupo acima dos interesses pessoais.

Se hoje vemos desfalques, fraudes, peculatos, apropriação indébita e outros crimes maiores como a corrupção, são porque nossos administradores não são honestos, leais e dedicados à causa do interesse coletivo. Colocam eles seus interesses pessoais e familiares, suas ambições desmedidas acima da responsabilidade de zelar pelo patrimônio público, que é de todos, pois é fruto do trabalho de todos, dos impostos que são cobrados de todos. É preciso se educar para ser honesto, responsável e probo, e ainda educar as crianças com o exemplo pessoal para que no futuro elas também sejam honestas.

Todos nós precisamos nos conhecer nos corrigir, nos educar. Precisamos nos libertar do egoísmo acima de tudo, e desenvolver o amor ao próximo, o amor ao bem-estar de todas as pessoas. Temos que nos libertar das vaidades de cargos, poder, posição, prestígio, dinheiro, e pensar com humildade em servir a todos. Principalmente aqueles que são ou sonham em ser políticos.

Política, já dizia Aristóteles, é a arte de administrar a polis, a cidade. O verdadeiro político é aquele que administra bem, com honestidade, com parcimônia e probidade as coisas públicas. Que os políticos e os futuros políticos conheçam a obra "A REPÚBLICA", de Platão.

É um guia perfeito de como deve ser um político de verdade, honesto, trabalhador e sábio. O Rei deve ser um filósofo, já dizia Platão. Mas não é esse filósofo de universidade que vemos hoje, ou esses filósofos de botequim, de beira de praia. É filósofo de verdade, homem justo, honesto, que busca a perfeição de si mesmo para empregá-la em benefício de toda a coletividade.

Ainda temos exemplos como Confúcio, filósofo chinês, que tentava implantar uma cidade perfeita, assim como Platão, e ainda Aristeteles, que buscavam a constituição perfeita. São homens dignos de serem seguidos por aqueles que querem ser políticos do futuro, os que mudarão realmente os rumos da humanidade.

A preparação dos políticos começa no lar, nos exemplos. E só dá bons exemplos quem é bom. Só pode dar exemplo de justiça quem é justo, de honestidade quem é honesto, de responsabilidade quem é responsável, e de amor ao próximo quem ama.

Quando o homem começar a mudar de verdade, deixando de lado o orgulho, o egoísmo, a vaidade, a ambição, a agressividade, e cultivando em si a humildade, a simplicidade, a paz interior e, principalmente, o amor próximo, então o homem desejará servir sem pedir nada em troca, trabalhará sempre visando o bem comum, e cuidará das coisas públicas como cuida das suas próprias coisas. Somente essa Revolução Interior no homem, revolução moral, revolução de consciência, fará a sociedade mudar. Meia dúzia de homens imperfeitos e dúzias de decretos e leis nunca mudarão nada.

CAPÍTULO IV
A Revolução Econômica

É um campo bastante complexo a economia. E uma das maiores preocupações de todos os países, e também de todas as pessoas, pois diz respeito a alimentação, vestuário, bens de consumo, etc. Mas, apesar de ser um campo complexo, com muitos problemas de aparente difícil solução, não é impossível de se resolver o problema econômico.

O maior problema é que todos querem uma solução rápida, por parte dos governantes, através de leis, decretos, "pacotes", sem que o conjunto da população, ou seja, todos nós, nos esforcemos, cooperemos, e façamos a nossa parte. Sem isso, nada se resolverá. E sabem por quê? Porque a base, a raiz, dos problemas econômicos, como inflação, juros altos, especulação comercial, custo de vida alto, está no egoísmo.

Se pararmos para pensar bem, para analisarmos os problemas econômicos, sempre encontraremos o egoísmo por trás de todas as transações. Há egoísmo nos comerciantes, nos donos de indústrias, nos agricultores, pecuaristas, trabalhadores em geral, nos políticos. Todos nós somos egoístas. Uns, um pouco mais; outros, um pouco menos. Mas todos temos um pouco de egoísmo, de individualismo, que nos faz ver sempre em primeiro plano o nosso bem-estar, o bem-estar da nossa família, e, mais distante, o bem-estar da coletividade. Isso é o que faz com que os comerciantes aumentem seus preços quase diariamente, aproveitando-se da desculpa da inflação.

Acontece, porém, que o aumento de preços dos produtos vai muito além da inflação. E então? Qual é o motivo? Não é a ambição de lucro e mais lucro? Não é o egoísmo?

Nos meus poucos anos de vida, ainda não encontrei um comerciante que fosse totalmente honesto, que não fosse egoísta e especulador. Espero um dia conhecer um. Geralmente os comerciantes compram suas mercadorias para revender. Compram barato, pechinchando, "chorando", para revenderem bem mais caro, tendo um lucro enorme, sem se importarem com as condições financeiras daqueles que necessitam de seus produtos. O lucro fala mais alto, o desejo de ficar rico. O egoísmo fala mais alto.

Precisamos trabalhar o egoísmo urgentemente, se quisermos realmente modificar alguma coisa no mundo. Enquanto formos egoístas, tudo será como agora. Se procurarmos nos tornar cada vez menos egoístas, então os problemas econômicos começarão a desaparecer, e vamos ver como.

Alimentação é o que mais pesa na economia. A produção de alimentos precisa aumentar, todos os economistas dizem. Mas não é só isso. Os alimentos precisam ser bem distribuídos, e a preços que possam ser adquiridos pelas populações. Senão, todos aqueles que não ganham o suficiente vão morrer de fome.

Se analisarmos bem o que dizem alguns economistas, que se a população mundial continuar crescendo em breve não teremos alimentos para todos, veremos que não é verdade. A população mundial ainda não chegou aos 8 bilhões de habitantes. E alguns cientistas econômicos dos Estados Unidos afirmaram que o nosso planeta tem recursos naturais para alimentar uma população de até 20 bilhões de pessoas. E então? Há muita terra improdutiva no mundo, e como há! E não é preciso ir muito longe. Eu, que moro na Bahia, um dos estados brasileiros, quando viajo para o interior fico observando os quilômetros e quilômetros de verde, de terra fértil mal aproveitada, vazia. Às vezes vejo uma casinha li, outra aqui. Uma família ali. Meia dúzia de bois espalhados por mundos de terra fértil, que poderia estar produzindo alimentos. E por que isso? Nós adoramos ser donos, proprietários, ter imensidões de terras, títulos de propriedade, ser ricos, ostentar nobreza. Mas não pensamos muito nos que não têm o que comer, nos que passam fome de verdade.

21

Não damos importância a isso, pois na nossa mesa não falta nada.

Se cada fazendeiro se dispusesse a produzir um pouquinho de alimento, como feijão, arroz, frutas, legumes e verduras, em uma pequenina parte de suas propriedades, com certeza sobrariam alimentos no mercado. Se cada fazendeiro arrendasse um pedaço de sua propriedade para dar emprego e trabalho aos que não têm terra, nem onde morar, resolveria o problema do êxodo rural, do desemprego, da fome, da criminalidade nos campos. Os trabalhadores rurais, os camponeses, só querem um lugar para morar e trabalhar, para terem o que comer. Não é muito, nem custa muito. É o egoísmo que não deixa isso acontecer.

Se o governo, por seu turno, aproveitasse melhor suas terras, as terras devolutas, criando comunidades, cooperativas, com varias famílias de camponeses, dando-lhes sementes, tratores e empréstimos, a produção de alimentos seria tão grande que as exportações bateriam todos os recordes. O Brasil passaria a ser o maior exportador de alimentos do mundo, em poucos anos, e alimentaria inclusive países como a Etiópia. O problema é a falta de interesse dos políticos, dos governantes, que só pensam em articulações políticas, conchavos, mutretas, barganhas, acordos, partilhas, visando sempre a sua perpetuação no poder, no cargo, nas mordomias. Os interesses do povo sempre vêm por último, e às vezes nunca vêm. E por quê? Por causa do egoísmo. Cada um só pensa em si. Falta uma visão comunitária, social, sem egoísmo onde os interesses de todos sobreponham os interesses individuais, onde o amor ao próximo dissolva o egoísmo.

Os donos de indústrias e os banqueiros vão na mesma onda, só pensam em lucro, dinheiro. A capitalização está acima de tudo. Está acima do bem-estar do povo.

Só importa se houver perspectiva de grandes lucros. Só importa emprestar a quem pode pagar com grandes taxas de juros, e a quem tem bens suficientes para garantirem o

22

pagamento do empréstimo. É sempre a sombra do lucro, da ambição, da avareza, do egoísmo, em última análise.

Todos se preocupam em criticar o governo, os comerciantes, os industriais, os banqueiros. Eles estão errados, é verdade, mas não são os únicos. Todos nos estamos errados. E, para se tirar a prova, basta que um de nós tome os seus lugares, para vermos se não vamos agir exatamente como eles agem. Reclamamos que todos estão roubando, todos são corruptos e desonestos, mas se estivéssemos em seus lugares, em suas situações, com suas perspectivas de enriquecimento e de ter mordomias, o que faríamos?

Na verdade, não podemos esperar que "meia dúzia" de políticos resolvam todos os problemas. Primeiro, porque eles não têm interesse. Muitos são fazendeiros, latifundiários, comerciantes, industriais e banqueiros, ou seus "testas-de-ferro". Por que mudariam alguma coisa? E segundo, porque eles não podem mudar a estrutura social de um povo sem mudar a educação e o nível de consciência das pessoas. Sem uma mudança a nível mental, moral, jamais haverá profundas transformações sociais, econômicas, políticas, educacionais

Haverá sempre remédios paliativos, como temos visto, que tapam um buraco aqui, e logo aparece um mais ali.

Falta visão de conjunto, visão comunitária. Falta interesse para resolver os problemas principais, pois eles mexeriam nas estruturas que sustentam os políticos. Falta, principalmente interesse, e coragem em se autoanalisar, se autoconhecer, e se tentar modificar interiormente, moralmente, qualitativamente. Enquanto isso não acontecer, nada de novo e duradouro surgirá das decisões políticas.

Somente uma grande revolução interior, uma revolução moral, poderá dar início a uma verdadeira transformação do mundo. A reforma moral do homem é o ponto de partida para todas as reformas sociais. É preciso mudar a consciência das pessoas. É preciso que cada um de nós

23

comecemos a mudar a nossa própria consciência. Precisamos nos conhecer interiormente para que possamos nos modificar.

Temos que fazer, cada um de nós, o máximo que pudermos para nos modificarmos. Se cada um fizer bem a sua parte, seja em que trabalho for, como gari, pedreiro, engenheiro, médico, juiz, advogado, deputado, comerciante, banqueiro, empresário, motorista, militar, então tudo mudará, pois em todos os setores de atividades o trabalho crescerá de nível, e com isso a produção crescerá, beneficiando a todos.

Se cada agricultor plantar pensando não apenas em sua família, mas na coletividade; pensar que está trabalhando o máximo que pode para atender às necessidades da coletividade, então não faltarão alimentos para ninguém. Idem, com os fabricantes de todos os produtos, como roupas, calçados, brinquedos, eletrodomésticos. Se todos os trabalhadores do Planeta pensarem assim, não haverá mais pobreza, fome, miséria, inflação, especulação, roubo, corrupção e outros problemas que tanto nos preocupam. A transformação do mundo tem que começar aqui e agora, dentro de cada um de nós. Não esperemos pelas soluções políticas, pois jamais chegarão, porque decretos, leis e pacotes econômicos não mudam a mentalidade de um povo. Nós é que temos que mudar. Nós é que temos que fazer essa revolução interior, de conceitos, parâmetros, ideias, comportamento, e, sobretudo, de consciência. Enquanto não mudarmos, o mundo não mudará, a sociedade não mudará, porque nós somos a sociedade, ou ela é o nosso reflexo. Ela será sempre o que nós formos. Ela muda com as nossas mudanças, muda conosco. Vamos tentar mudar.

Comecemos pensando e meditando sobre a realidade do egoísmo que existe em nós. Como ele existe, como atua na nossa vida cotidiana. Como pode remos nos livrar dele? Como deixaremos de ser egoístas? Basta que comecemos a pensar um pouco no próximo, em todas as outras pessoas que passam privações. Vamos distribuir um pouco mais os bens, o dinheiro, os alimentos. Isso é amar o próximo, é altruísmo, que é o oposto do egoísmo. Trabalhando em benefício dos que necessitam estaremos nos despojado do egoísmo, e construindo uma sociedade menos egoísta, mais justa, mais distributiva.

Não esperemos pelos outros, pelos nossos vizinhos, para iniciarmos nossa transformação, nossa revolução interior, porque assim nunca a faremos.

Não esperemos pelos outros. Iniciemos o nosso processo de mudança. Assim já es taremos contribuindo da melhor forma para a mudança das estruturas da sociedade e do mundo.

O processo de autoconhecimento e mudança interior e moral é individual. Cada pessoa tem que fazer um esforço próprio, solitário, para mudar. A decisão de mudar é nossa. Ninguém pode nos forçar.

Com a mudança moral, com o esfriamento do egoísmo principalmente, veremos como a Economia mudará. Todo o processo econômico da sociedade mudará, porque nós fazemos a Economia, nós somos os comerciantes, os compradores, os políticos, os profissionais. Nós somos a sociedade. Nós a fizemos, e só nós podemos mudá-la.

CAPÍTULO V
A Revolução Científica

Século XX, século da ciência, século das grandes descobertas e invenções. Somente nesse século foram inventadas mais coisas do que em todo o resto do período histórico que conhecemos. Quantas conquistas a ciência conseguiu.

Quantas doenças a medicina descobriu a cura e dominou o tratamento. Quantas maravilhas a eletrônica inventou. Hoje temos o raio-laser, que é utilizado na medicina, na física e em diversas aplicações, inclusive como arma. Temos os computadores, armazenando bilhões de informações em pequenos espaços, e poupando tempo e trabalho ao homem. Temos a televisão, os satélites, naves espaciais. Quantos recursos tecnológicos, hoje, temos à nossa disposição. Mas, infelizmente, temos um ponto negativo nisso tudo. É que houve uma disparada, um avanço técnico-científico muito grande, e não houve um correspondente avanço moral do homem. Houve um desequilíbrio neste ponto. O homem desenvolveu altas tecnologias, equipamentos e aparelhos altamente sofisticados, mas não cresceu o bastante moralmente para aplicar bem seus inventos e criações.

O homem primitivo descobriu que a pedra, o pau e o osso podiam servir como armas. Foram às primeiras invenções bélicas, que não deixaram mais de acontecer, infelizmente. Depois, o homem inventou o tacape, o machado, a lança, o arco-e-flecha, a espada, a catapulta, o mosquete, o canhão, o avião, o míssil. No passado, os homens brigavam face a face, de machadinha, espada e lança. Mas, hoje, a moderna guerra, altamente tecnológica, computadorizada, de mísseis balísticos, intercontinentais, tornou a guerra um risco muito grande para a existência da humanidade.

Imaginem toda a tecnologia de que já dispomos, todo o avanço científico, sendo bem empregado, em benefício não apenas de um ou dois países, mas da humanidade como um todo! A ciência pode dar muito mais conforto ao homem, muito mais recursos para que ele desenvolva suas potencialidades latentes, facilitando seu trabalho material, e deixando-lhe mais tempo para cuidar do lado mental e espiritual.

A revolução interior pode mudar todo o quadro que vemos hoje, de cientistas inteligentes trabalhando em projetos caríssimos para a invenção e criação de armas cada vez mais potentes e imbatíveis. A inteligência sem a moral e sem o sentimento de amor à humanidade só tem levado os homens à destruírem-se mutuamente com suas armas fantásticas. Isso tem que acabar. Os homens inteligentes e, principalmente, os cientistas, têm que pensar no lado moral, no lado social e humanitário de seu trabalho. Não se pode inventar coisas para destruir e matar, e sim para construir, edificar, curar, salvar e enobrecer o homem. Os processos e os métodos de educação ainda deixam muito a desejar em todo o planeta. Ensina-se muita ciência, como matemática, física, química, biologia, mas não se dá uma visão moral do estudo de tais ciências, de suas aplicações em benefício da humanidade. Apenas se ensina. Depois, cada um se utiliza do que aprendeu para tirar partido, ou melhor, para ganhar dinheiro, não interessa como, ou fazendo o quê. Muitas vezes, vemos cientistas trabalharem em projetos tão vis, que não acreditamos que seja um ser humano. Não é possível que uma pessoa que tenha estudado tanto, em tantas universidades, cheia de diplomas e certificados, esteja trabalhando para criar algo destrutivo, que possa fazer mal ao ser humano, ou mesmo colocar em risco a sobrevivência de todos os seres vivos do planeta.

O verdadeiro homem inteligente, e moralmente evoluído, consciente, sente-se no dever moral de trabalhar sempre em benefício do homem. Sente o dever de preservar a natureza, a ecologia, pois sabe que dependemos dela para sobrevivermos. Sente-se no dever de alertar a todos dos perigos de hábitos prejudiciais à saúde, como o fumo, as drogas, o álcool e os excessos

27

alimentares. E ainda há o perigo de uma alimentação artificial, à base de produtos químicos conservantes, corantes, etc. O cientista de moral jamais falta com a verdade, e jamais coloca interesses materiais mesquinhos acima da saúde, do bem-estar, da paz, e da felicidade e sobrevivência da humanidade. O homem moralizado e inteligente não coloca o dinheiro, a fama ou o poder acima do seu dever de ajudar a humanidade a crescer qualitativamente.

A ciência, quando aliada à moral, pode realizar maravilhas, e pode levar a humanidade a caminhos com os quais ela nem sonha.

O que hoje é utopia para muitos, amanhã poderá tornar-se realidade para todos. Tudo depende da nossa disposição

em mudarmos, em nos transformarmos. Quando já não formos tão egoístas, e quando tivermos amor por toda a humanidade, e não apenas a um país, todos nós aplicaremos bem, e da melhor maneira possível, o que aprendermos, o que descobrirmos, e o que inventarmos, propiciando, assim, um maior bem-estar, um maior conforto e felicidade para toda a humanidade.

A ciência nasceu com os filósofos, os místicos, religiosos.

Um dos pais da ciência, da lógica, da pesquisa, foi Aristóteles, filósofo grego. Ele estudava botânica, zoologia, Direito Constitucional, filosofia e muitas outras coisas. Ele teve, inclusive, um zoológico em miniatura, com animais de diversas partes do mundo, que seus amigos lhe traziam. Era, além de filósofo, um cientista.

Os alquimistas, precursores dos atuais químicos, eram místicos, ocultistas, que trabalhavam e pesquisavam às escondidas, para não serem descobertos pela Igreja Católica.

Arquimedes, grande cientista e inventor, de Siracusa, também era filósofo. E diversos outros homens conhecidos da história foram, simultaneamente, cientista e filósofo, um pensador. Eram pessoas que sonhavam e trabalhavam para construir um mundo melhor, mais humano, mais justo.

Porém, do século XIX para cá, aconteceu que a ciência se distanciou da religião e da filosofia. Então, os cientistas foram tornando-se cada vez mais técnicos, mais imediatistas, desprovidos de moral, de senso estético que os aproximasse cada vez mais do belo e do perfeito, como acontecia com os filósofos-cientistas antigos. Hoje, a ciência se materializou em pesquisas imediatistas sem vínculo com o bem-estar do homem, sem a busca da perfeição do homem. Por isso não vemos mais um Aristóteles, um Sócrates ou um Platão, no mundo dos laboratórios, no mundo da ciência.

Pelo direcionamento educacional dos cientistas, a ciência afastou-se da religião, e, com isso, ele deixou de estudar e pesquisar fenômenos que não são considerados normais, de acordo com os padrões da Física, Biologia, Química, Ótica, etc. Todos sabemos da existência de fenômenos que a ciência tradicional, preconceituosa, não explica, nem procura estudar as causas. Apenas uns poucos cientistas, do século XIX para cá, vêm estudando o que chamaram de fenômenos paranormais, supranormais, parapsicológicos, psicobiofísicos e outros nomes mais, de acordo com as correntes que os estudam!

Hoje, em diversos países do mundo, principalmente entre os mais adiantados, há equipes de pesquisadores estudando os fenômenos que estão fora da alçada da ciência tradicional, pois não podem ser estudados e explicados através dos métodos e postulados rígidos e preconceituosos da antiga ciência. A mais nova denominação dessa área de estudos científicos é a PSICOBIOFÍSICA, pois abrange o estudo da mente (da psique), da biologia e da física, e suas inter-relações. Não mais se estudam as coisas separadas, mas em conjunto, pois já se descobriu que a mente influencia a matéria e vice-versa.

Não há mais divisão rígida de mente e matéria, energia e matéria.

A psicobiofísica, principalmente na antiga União Soviética, descobriu e comprovou coisas que a antiga ciência jamais imaginou. Os russos inventaram uma câmera fotográfica, chamada Câmera Kirlian, por causa do nome do cientista que a inventou em 1.961, capaz de fotografar a aura dos objetos, plantas, animais e do próprio homem.

A aura é algo que nos envolve, como um ovo grande, colorido, variável em colorações de acordo com nosso estado de saúde ou estado mental.

A aura não pode ser vista por olhos comuns. A ciência tradicional não a vê. Apenas as pessoas chamadas videntes têm a faculdade de ver as auras. E hoje a psicobiofísica veio comprovar a sua existência, comprovando o que diziam os yogues orientais, os ocultistas e os espíritas, há muito tempo.

A câmera Kirlian também fotografou os meridianos de energia que existem no homem, exatamente como nos mapas dos chineses de há cinco mil anos atrás. Apenas com alguns detalhes a mais. Os meridianos de energia são condutores de energia, como fios, onde circulam um tipo de energia ainda não analisado pela ciência. Esses condutores formam uma rede complexa, com pontos e terminais, assim como o sistema nervoso, e paralelamente a este. Os meridianos são a base da acupuntura e do do-in, ciências milenares na China. Hoje, graças aos recursos tecnológicos, já se pratica a acupuntura com aparelhos e computadores que acham rapidamente e com maior exatidão os pontos onde serão colocadas as finas agulhas especiais. Hoje, inclusive, se faz acupuntura com raio-lazer. São os recursos da ciência inteligentemente aplicados. A Câmera Kirlian mais uma vez comprova a veracidade de fatos descritos pelos antigos, e que, durante muito tempo, foram desacreditados. O que antes era superstição, crendice, misticismo, hoje éciência, largamente aplicada. E só para ilustrarmos, vemos que hoje, na China, são feitas cirurgias, até de coração, com o peito aberto, usando-se como anestesia agulhas de acupuntura. Não se utiliza injeção na coluna ou no local, mas apenas agulhas, que insensibilizam o lugar a ser operado, livrando o paciente da

dor, e deixando-o, inclusive, totalmente consciente durante a cirurgia.

Hoje, os psicobiofísicos já sabem da existência de um campo estruturador e formador do corpo biológico. Os cientistas sabem que toda vida biológica tem um campo de força energético que criou, a formou, e a mantém unida. Eles

falam em um outro corpo, uma duplicata do corpo biológico, sendo um corpo energético. É o que os orientais chamam de corpo astral, e os espíritas chamam de perispírito.

Diversas e diversas experiências já foram feitas por cientistas russos e americanos. É uma pena que nem tudo seja divulgado. Quase nada chega até nos. Mas quem quiser ter mais informações leia o livro do brasileiro Henrique Rodrigues, "A Ciência do Espírito", onde encontrará muitas informações de pesquisas. Esse brasileiro, engenheiro civil, psicobiofísico, fundador do Instituto de Pesquisas Psicobiofísicas de Minas Gerais é considerado um dos grandes cientistas ocidentais da área, e foi o único ocidental convidado a apresentar seus trabalhos na Academia de Ciência da União Soviética. Ele criou uma câmera igual à dos russos, a câmera Kirlian, sem nunca tê-la visto, e a divulgou por toda a Europa, sem qualquer interesse material, dando o exemplo do que é ser um cientista de moral. Henrique Rodrigues é espírita, e divulga gratuitamente tudo que sabe, inventa e descobre, visando a melhoria da humanidade.

É interessante falarmos um pouco sobre isso que mencionamos, porque vemos, se quisermos ver, que a ciência está comprovando fatos antes desacreditados, mas muitos não querem ter olhos de ver. A ciência está aí, vê quem quiser.

Por que, então, continuarmos numa atitude cética e rígida de acharmos que espíritos, aparições, corpo astral, aura, acupuntura, são coisas de crendice, superstição, coisas de ignorantes?

Vamos pesquisar, vamos estudar, e então comprovaremos ser verdade muita coisa que pensávamos ser invenção.

A ciência, finalmente, mesmo lentamente, começou a penetrar o domínio do invisível, do paranormal. Hoje se estuda sobre o espírito, sobre a mediunidade, a faculdade paranormal, a sensibilidade além do normal. Até a NASA, nos Estados Unidos, começa a estudar o homem, não apenas biológico. Eles sabem que se não o fizerem ficarão para trás, pois os russos há muito tempo estudam os seus sensitivos ou médiuns. Esse preconceito ou medo que ainda há em relação às

coisas invisíveis, ocultas, desaparecerá em breve, assim que os cientistas corajosamente revelarem ao público os resultados de suas pesquisas e experiências.

Já se sabe muito, mas, infelizmente, o egoísmo ainda não permite que se divulgue. E mais uma vez os interesses egoístas de governantes sobrepujam os interesses da raça humana. Revelações que revolucionariam toda a ciência tradicional, bem como as religiões, e, principalmente, as mentes materialistas permanecem ocultas, de conhecimento apenas de uns poucos. Quando isso mudará? Somente quando não houver egoísmo, e quando o amor à humanidade for mais forte do que os interesses de nações ou ambições pessoais.

A revolução interior tem que acontecer, para que também a ciência e seus conceitos seja revolucionados. Então a ciência, unindo as religiões e as filosofias, oferecerá uma melhor perspectiva de vida para o homem.

32

Seremos um Planeta com alta tecnologia, sem violência, sem armas, bombas, misseis, e sem ameaças de extinção.

Viajaremos para o espaço, levando a bordo de nossas naves homens pacíficos, inteligentes e moralizados, que jamais tentarão dominar outros povos, escravizá-los ou destruí-los, pois já terão compreendido a importância do amor, da união e da paz. A ciência a serviço do homem. Essa é a revolução científica.

CAPÍTULO VI
A Revolução da Saúde

O homem, até o advento da Revolução Industrial, era essencialmente naturalista. Alimentava-se apenas de produtos naturais. Tudo que ele comia era natural, pois ainda não existiam frigoríficos, geladeiras, conservas, enlatados, produtos químicos conservadores, corantes. Com o advento da Revolução Industrial, as coisas mudaram, de certo modo para pior. O homem, antes naturalista, passou a conservar alimentos em latas e garrafas, usando, para isso, substâncias químicas estranhas ao corpo humano, que fazem mal a este.

Do século XIX para cá, iniciamos um processo acelerado de substituição dos alimentos naturais por alimentos químicos ou quimificados, conservados por longas datas. Hoje ingerimos um aparato imenso de laticínios venenos, doces coloridos, carnes congeladas e quimificadas, alimentos artificiais.

E até os cereais, que antes eram naturais, integrais, nós passamos a descaracterizar, tirando-lhes a película protetora, polindo-os, diminuindo-lhes o valor alimentício. O conhecido arroz, alimento milenar dos asiáticos, hoje está descaracterizado e reduzido em valor proteico e vitamínico. O mesmo ocorre com o trigo, também refinado. Todos os cereais hoje são refinados. A cevada, o centeio, o milho. Todos são adulterados em sua essência natural. Por isso, hoje o pão branco não tem nem de longe o valor do pão escuro, integral. O arroz branco não tem o valor do arroz integral, e assim por diante.

Os homens antigos, naturalistas em essência, tinham uma média de vida maior do que o homem de hoje, excetuando-se as mortes por doenças infecciosas, que ainda não se curavam. No geral, porém, tinha mais saúde, mais vitalidade, disposição e força física. Ainda

34

podemos ver isso nos índios, naturalistas, ou nos velhos que vivem nos campos, na roça, como se diz.

Na década de 1960, quando nasceu o movinento hippie nos EUA, desembarcaram lá pessoas vindas de todas as partes do mundo. Entre essas pessoas, diversos orientais provenientes do Japão, e Índia, principalmente.

Vieram monges, iogues e místicos de diversas correntes de pensamento. Foi nessa época que introduziram a acupuntura no ocidente. Também o do-in, as massagens orientais, as artes marciais, a ioga e a macrobiótica. Esta foi introduzida por George Osawa, médico japonês. Segundo ele, macrobiótica significa ampla visão da vida.

Com a macrobiótica nascia o movimento naturalista no ocidente, que até hoje cresce, e não parará de crescer, até que todos despertem para a necessidade de uma vida mais natural, e de uma alimentação mais natural e sadia.

Uma alimentação saudável e natural é de fundamental importância para a obtenção da saúde, mas não é tudo. Há ainda outros fatores.

A nossa medicina moderna, alopática, de remédios químicos, vê o renascer da homeopatia, antiguíssima, mas que estava adormecida. Hoje a homeopatia cresce novamente, com métodos diferentes, e ainda não compreendida por aqueles acostumados a se encherem de antibióticos e remédios diversos.

Ainda temos, hoje, também a acupuntura, o do-in, os médicos naturalistas, e aqueles que procuram curar somente pela alimentação. Temos as terapias de passes, nos Centros Espíritas, o jorei, nas Igrejas Messiânicas... São diversas terapias de cura.

Até bem pouco tempo, a ciência somente aceitava e acreditava nos tratamentos efetuados nas partes do corpo humano que eram visíveis. Hoje, porém, essa situação mudou. A ciência já comprovou a existência de outras coisas, não materiais, organizando e sustentando a matéria, a vida biológica. E quem quiser comprovação é só procurar ler e pesquisar.

A acupuntura hoje, já é feita com raio-lazer, por gente capacitada. E a acupuntura não visa o corpo biológico, somático, mas um campo energético, modelador da forma física, o M.O.B. (Modelo Organizador Biológico), como o denomina Hernani Andrade, cientista brasileiro, diretor do Instituto Brasileiro de Pesquisas Psicobiofísicas.

A ciência já trabalha com coisas antes chamadas imateriais. Já existem muitos psicólogos trabalhando com terapia de vidas passadas, durante as quais hipnotizam seus pacientes e os fazem regredir a vidas anteriores, quando descobrem as causas de seus traumas , frustrações e medos.

Técnicas como essas, hoje, são utilizadas por diversos psicólogos que há pouco tempo sequer acreditavam na existência de algo além da matéria, e do corpo físico.
Hoje, muitos aceitam e trabalham com a regressão de memória a encarnações passadas.

Na antiga União Soviética, décadas atrás, se faziam pesquisas sobre diagnósticos antecipados de doenças que ainda não existiam no corpo biológico, somático, mas que em breve surgiriam. Com esses pré-diagnósticos eles podiam prevenir as doenças, tratando antecipadamente os pacientes.

A Câmera Kirlian comprovou a eficácia das transfusões energéticas e magnéticas pelas mãos, feitas pelos famosos passes dos espíritas e umbandistas,

e do jorei.

A Câmera Kirlian fotografava a aura da pessoa doente antes e depois da transfusão de energia, e comprova a mudança. As cores mudavam, também o tamanho, a forma, e o brilho.   Por isso, décadas atrás foi criado na Inglaterra um Sindicato de médiuns. E os Médiuns de cura, passistas, passaram a ter livre acesso, livre trânsito, dentro de qualquer hospital ou clínica.   Em alguns países, os passes são cobrados, como qualquer outro tratamento médico. Mas os Médiuns Espíritas brasileiros jamais cobraram, pois sua conduta e filosofia são diferentes.

Eles trabalham gratuitamente, por amor, sem nada receberem em troca.

Como podemos ver, a descoberta e comprovação, por parte da ciência, de coisas além da matéria, está mudando os conceitos de doença e saúde, e está revolucionando a medicina tradicional. Diversas terapias novas estão sendo incluídas, hoje, como métodos de tratamento. E quanto mais a ciência descobrir e divulgar suas descobertas, mais a medicina avançará, e mais condições terá de curar doenças hoje tidas como incuráveis, porque só veem o lado material da doença.

Enquanto os médicos só enxergarem o corpo somático, não poderão entender as causas das doenças, e ficarão assim, trabalhando paliativamente em cima dos sintomas apenas. Porque, na verdade, o que se vê no corpo é apenas a exteriorização da doença energética, do desequilíbrio energético, e mais profundamente ainda, do desequilíbrio mental, moral e espiritual.

A medicina já não pode mais cuidar apenas do corpo, pois ele não é tudo. A ciência o comprova. A medicina tem que buscar o corpo somático aliado ao corpo energético e mais ainda a mente, o espírito ou alma, que é o ser pensante .

Um cientista americano, o engenheiro George W. Meek, fundador da Metascience Foundation, no dia 06 de abril de 1.982, comunicou ao mundo a sua invenção, o SPIRICOM, após mais de dez anos de pesquisas e cerca de meio milhão de dólares de investimentos. Esse aparelho simplesmente facultava a comunicação em dois sentidos com o espírito de um desencarnado.Tal comunicação foi perfeitamente audível e podia ser gravada em fitas magnéticas comuns. Essa invenção revolucionou muita coisa. Ela comprovava a existência dos espíritos, sua sobrevivência após a morte do corpo físico, e a

37

possibilidade de comunicação entre eles e nós, encarnados, através desaparelho eletrônico. As comunicações com espíritos dos mortos deixou então de ser privilégio das sessões espíritas, tampouco coisas de ignorantes, supersticiosos ou desequilibrados. Passou a ser a ciência comprovando a veracidade do que Allan Kardec afirmava desde o meado do século XIX, da existência dos espíritos e da possibilidade do intercâmbio entre nós e eles.

Já vemos abertamente na televisão cirurgias feitas por um espírito incorporado em um médium, sem utilização de anestesia, ou concurso de aparelhos sofisticados. Apenas bisturis, tesouras, linhas e algodão.

Vemos o corpo ser aberto, estando o paciente desperto, consciente, dando entrevista ao vivo, sem sentir a menor dor. E ainda há os que veem e não creem.

É a chamada medicina espiritual que chega até nós, iniciada e divulgada pelo Dr. Fritz, que foi um médico alemão, e que já trabalhou com diversos médiuns.

Quem acompanha os progressos da ciência não pode fechar os olhos para a realidade da existência do espírito, da reencarnação, do corpo energético, que muitos chamam de corpo astral ou perispírito. Não podemos mais fazer de conta que nada mudou. A ciência avança, comprovando fatos afirmados pelos orientais, chineses, japoneses, tibetanos, indianos. Comprova as afirmações dos espíritas, que tiveram como codificador e impulsionador Allan Kardec, famoso pedagogo francês do século XIX.

Os conceitos de matéria, energia e mente, hoje, mudaram. Sabemos que um interfere no outro. A mente interfere na energia, e esta no corpo material. Com isso, os conceitos de doença mudam. Quando vemos russos diagnosticando doenças futuras que já podem ser vistas no campo ou corpo energético das pessoas, então não podemos mais ver a doença apenas no corpo físico.

Quando vemos psicólogos modernos fazendo seus pacientes regredirem a encarnações passadas, já não podemos pensar apenas em termos desta vida, como causadora de desequilíbrios mentais, traumas, preconceitos, medos.

A Medicina, hoje, começa a encarar o homem como corpo e espírito. Não somos mais um mero corpo de carne, pura matéria, que desaparece totalmente com a morte. Muitos cientistas, hoje, são espiritualistas.

E os cientistas ocidentais? Por que não divulgam o que sabem? Os americanos, por que não divulgam? E o Brasil, que nem sequer apoia pesquisas nesse sentido? Homens como Henrique Rodrigues e Hernani Andrade, conhecidos e admirados em todo o mundo científico durante décadas, nunca foram divulgados ou apoiados, salvo no meio espírita brasileiro. Pesquisaram muito com seu próprio dinheiro, deixando de ir a cinema durante anos, para poderem construir seus aparelhos. E mesmo assim eles criaram uma câmera igual à dos russos, que fotografa a aura humana.

Para que a Medicina mude, é preciso que todos mudemos. E preciso mudar a atitude mental de governantes, cientistas, médicos, pacientes, estudantes, professores. Todos temos que mudar de conduta mental. Precisamos enxergar mais fundo, além da matéria. Precisamos pesquisar, antes de negarmos o que não conhecemos, para não corrermos o risco de sermos ridicularizados quando a ciência comprovar ser verdade aquilo que negamos sem sabermos sequer o que era na realidade. Deixemos os preconceitos religiosos de lado. Pesquisemos tudo a respeito da alma, do infinito, do corpo energético, já comprovado pelos russos e chamado de corpo bioplasmático. Vamos estudar.

Hoje, temos à nossa disposição um número imenso e variado de opções de tratamento para nossos males. Mas, precisamos buscar sempre o mal na raiz. E esta não está no corpo, e sim na mente, no espírito. Cura verdadeira é aquela que corta o mal pela raiz. Paliativos são de duração efêmera e passageira. O mal sempre retorna, quando restam raízes.

Para nos curarmos de verdade, e para prevenirmos futuras doenças, temos que mudar nossa atitude mental, nossa postura diante da vida e das outras pessoas. Precisamos nos reformar intimamente, moralmente.

Precisamos ter amor pela vida, pelos outros seres, pelos nossos irmãos, e por nós mesmos.

A ciência nos mostra, pela fotografia da nossa aura energética, como os nossos estados mentais nos afetam, como modificam nossa condição energética, que influenciará o corpo físico, tornando-o saudável ou desequilibrado, doente.

As atitudes e posturas de ação moral influenciam enormemente nossa saúde. A tristeza ou a alegria, o amor ou o ódio, a violência e a agressividade ou a paz, tudo isso influencia e afeta nosso estado de ânimo e nossa saúde física.

Os gregos diziam que era preciso ter um corpo são para se obter uma mente sã. Eu digo o contrário, que é preciso ter uma mente sã para se ter um corpo são. O ideal é que os dois sejam sadios.

Somente uma revolução interior mudará completamente os conceitos de doença e saúde, e poderá dar saúde eterna aos homens e aos espíritos. Vamos procurar mudar, transformar nosso interior, passando a amar, a perdoar, a ser simples, sem orgulho, sem arrogância, sem ambição exagerada.

Temos que nos conhecer integralmente, como ser espiritual e corporal, e buscar nos dois aspectos as causas dos nossos desequilíbrios e de nossas doenças.

CAPITULO VII
A Revolução Sexual

Como todos nós sabemos, os animais não se unem sexualmente visando prazer, mas unicamente movidos pelo instinto. Os animais têm o seu período de cio (as fêmeas), que é o seu período fértil, próprio para a procriação.

Nesse período, as fêmeas produzem sons e odores para atraírem o macho e, então, há o acasalamento, a união sexual, que terá o efeito de perpetuar a espécie, através da reprodução.

Enquanto não existiam homens no mundo, apenas os animais viviam, se uniam e procriavam. Não havia busca de prazer, e muito menos o apego a ele. Porém, com o surgimento do homem, e com o seu desenvolvimento cerebral, proporcionando a ele uma maior capacidade de raciocínio, de livre escolha e de pensamento, as coisas começaram a mudar.

Com o passar do tempo, os homens primitivos, antes simples e instintivos, tornaram-se complexos e racionais. E isso trouxe várias mudanças de comportamento, inclusive de comportamento sexual. Os homens, antes instintivos, e agora racionais e inteligentes, começaram a gostar e a se apegar ao prazer que sentiam com o ato sexual. O animal não se apega como o homem, não fica desejando o prazer, a união sexual, e não procura parceiros para sentir prazer. Apenas o homem tem tais comportamentos, que são racionais.

A família organizada surgiu com o homem. Este, no seu início de vida é frágil e impotente para sobreviver, dependendo, por isso, de longos anos dos cuidados dos mais velhos. Por isso, por causa disso, a mulher, a fêmea humana, iniciou sua história cuidando principalmente dos filhos. Estes eram frágeis, não andavam, não comiam sós, e dependiam integralmente da mãe para tudo. Mais adiante, em outro capítulo, veremos a razão disso.

41

A mulher, desde o início da humanidade, ou seja, do surgimento do homem, teve o papel biológico natural de cuidar dos filhos, enquanto que os homens, os machos, cuidavam da caça, da construção de habitações e outras coisas. Com isso, com essa realidade antropológica, não estamos querendo de maneira alguma desmerecer a mulher, tampouco o homem. Estamos apenas analisando o que era a realidade, e que, ainda hoje, permanece em alguns lugares, como herança psicosocial.

O fato de os homens estarem muito fora de casa, caçando, explorando, guerreando, fez com que as mulheres assumissem quase integralmente o papel de donas de casa. Elas cuidavam de tudo, seja na caverna, na cabana, na palafita ou na casa de pedra.

Durante milênios, essa situação predominou e se firmou na cabeça dos homens e das mulheres. O que hoje se chama demachismo, foi uma situação de fato, que tem sido vivenciada há milhares e milhares de anos, ou mesmo milhões de anos, que ainda está arraigada nas mentes tanto dos homens quanto das mulheres. Foi um processo de educação contínua passada de gerações para gerações, e que não pode desaparecer sem uma educação em um outro sentido agora. Ou melhor, tem que haver uma reeducação das pessoas, transformando seus conceitos e hábitos milenares.

As mulheres, na sua quase totalidade, foram submissas à vontade dos homens até o século vinte, quando então surgiu o movimento feminista. Revolucionário e radical no início, pregava a igualdade dos sexos, a igualdade entre os homens e as mulheres. Pregava e lutava pela igualdade de direitos. A mulher não mais queria ser submissa, não mais queria ser dona de casa, e muitas vezes nem sequer queria ser mãe, pois isso implicaria em ser dona de casa, doméstica, "escrava".   Esse movimento pregava o aborto, e o planjemaento familiar, pelos métodos anticoncepcionais.   E esse movimento foi também de libertação da mulher. Libertação sexual, financeira, psicológica.

O fenômeno do movimento de libertação feminina teve seu início na década de 1.960, passando a revolucionar o pensamento das mulheres. Estas começaram a se libertar do jugo masculino, do seu domínio e dependência.

E essa ideia, radical no começo, fez com que se cultuasse a masturbação solitária, pois tornava a mulher autosuficiente em matéria de sentir prazer, não mais dependendo do macho. Esse fato ocorreu bastante durante o início do movimento, quando as mulheres deram o "grito de liberdade". Mas acontece que elas, além de se libertarem do jugo masculino, da dependência financeira e sexual que as prendiam a eles, acabaram também afastando-se deles. Começaram a se isolar, surgindo aí uma quantidade de homossexuais femininas muito grande, como forma de se tornar independentes dos homens, de não correrem o risco de engravidar, e por acharem que os homens eram grosseiros, estúpidos e brutos, enquanto que as mulheres eram carinhosas.

O movimento feminista, sem dúvida alguma, conquistou muito. As mulheres conseguiram que fossem reconhecidos velhos direitos seus, e hoje têm muito mais direitos do que tinham antes do movimento se iniciar.
Mas, o movimento também falhou em algumas coisas a partir do momento em que radicalizou.Acharam as mulheres que se libertar do jugo masculino era afastar-se dos homens. Muitas saíram peia porta da homossexualidade. Outras ficaram solteiras, sem querer se prender a nenhum homem, e apenas utilizando-se dos homens, um hoje, outro amanhã, para obter prazer. E é por isso que hoje Nova York é a Cidade que tem mais mulheres solitárias em todo o planeta. Elas usaram os homens, e, muito mais do que pensam, foram usadas por eles. Porque, na verdade, o homem ainda é muito machista, não foi reeducado, vive em busca de novas experiências, novas parceiras. Vive atrás do prazer.

As mulheres são objetos descartáveis para que os homens machistas sintam prazer.

Vemos os homens buscarem as mulheres, sentirem prazer com elas, e depois as abandonarem, saciados. Porque, quando não há sentimento, quando não há afeto, quando não há amor, quando o que se busca é apenas o prazer momentâneo, fugaz, fugidiu, então, após a união sexual, o homem "dá o fora". Ele não quer se envolver emocionalmente. E a mulher, pela sua educação e herança cultural, se envolve muito mais facilmente do que o homem. Depois ela se sente usada, se sente objeto, abandonada, enquanto o homem sai satisfeito, em busca de nova parceira. É claro que esses quadros não são absolutos.

Hoje muitas pessoas, homens e mulheres, ultrapassaram esse estágio, tanto do machismo quanto do feminismo, e não buscam mais lutar uns contra os outros, mas sim harmonizarem-se.

Não adianta lutar. A guerra nada constrói, só gera ódio e destruição. O importante é a união, a concessão mútua, a harmonia, a amizade e o amor.

Hoje, os casais com outra cabeça procuram harmonizarem -se no lar, dividindo deveres, tarefas, trabalho, e respeitando um o espaço e os direitos do outro.

Essa é a postura de um casal aberto, renovado, que se ama. Casamento não é guerra, não é luta, é união. E para que haja união é preciso que haja amor. Porque é o amor que une. Não há respeito sem amor, não há concessão sem amor, não há compreensão sem amor. Esta tem que ser a base do casamento, o amor.

Fazendo-se um balanço do movimento feminista mundial, do movimento de libertação da mulher, à primeira vista, percebemos que o maior beneficiado foi o homem. E por que? Porque as mulheres liberaram-se sexualmente. E o que isso significou Que houve uma grande avalanche sexual; uma grande quantidade de mulheres que antes eram recatadas e virgens até o casamento, passaram a ter vida sexual ativa antes do casamento.

Houve grande liberação das mulheres em termos sexuais. E isso foi ótimo para os homens! Mais parceiras livres, descompromissadas, independentes financeira e sexualmente. Os homens não precisavam mais recorrer tanto às seculares prostitutas. Para quê, se havia mulheres liberadas, tendo relação com quem bem entendessem? E como as mulheres usavam anticoncepcionais, não havia risco de se engravidar. E, mesmo se acontecesse,

havia o remédio do aborto. E com isso a liberdade sexual foi se confundindo com a libertinagem e a promiscuidade. As mulheres foram se desvalorizando passo a passo. A nudez no cinema e nas revistas, nos cartazes e na televisão, fazem com que as mulheres se desvalorizem cada vez mais. E quem mais lucra com isso são os homens, que não precisam se esforçar tanto para conseguir obter prazer.

Com a libertação feminina, a virgindade foi se tornando coisa obsoleta, tabu desmacarado. Hoje, muitas mulheres virgens sentem vergonha de sê-lo. Mas aconteceu uma coisa interessante com essa liberação sexual. É que os homens passaram a ter mais de uma namorada. Uma, não virgem, para sentirem prazer à vontade, e uma virgem, que eles guardam para casar.

É a velha música. Muitos homens, machistas condicionados, ainda querem uma mulher virgem para casar. Isso ainda é uma realidade hoje em países muçulmanos, também na Índia e outros países onde prevalece a religião hindu. E aí somente as que se conservam virgens estarão nesse time.

As liberadas, muitas vezes ficam solteiras, abandonadas e mal faladas. Isso ainda é uma realidade em muitos países.

Por que as pessoas ainda não compreenderam a finalidade do sexo? Por que pensam que o sexo é apenas prazer? Por que se apegam tanto a esse prazer?

O sexo, segundo antropólogos e biólogos, tem como função

principal a reprodução, a perpertuação da espécie. Em segundo plano, a troca de hormônios, femininos e masculinos, que são benéficos para a saúde e o equilíbrio hormonal de homens e mulheres. E, ainda, o sexo é troca de energias e de carinho. No momento do ato sexual, o casal troca carinho, se une mais, aumenta a sua afetividade um pelo outro. Isso quando o sexo é feito entre pessoas que se gostam, que se amam. Quando é entre pessoas quase estranhas, apenas visando e buscando um rápido prazer, que acaba em minutos, então, após o

ato sexual, há repulsa, há vontade de sair de perto. Às vezes há até nojo do parceiro.

Hoje, a ciência já comprovou a existência de algo mais no homem do que o corpo que vemos e sentimos. A Câmera Kirlian já fotografou os meridianos de er Trgia, interligados entre si e ligados aos tão conhecidos chakras dos iogues, a respeito dos quais os hindus falam há milênios. Sabemos da existência de sete chakras principais, os maiores e mais visíveis aos videntes. Um deles, o umbilical, que fica no umbigo, tem uma importante participação no ato sexual, quando este é praticado na posição que o ser humano inventou. É a conhecida posição frontal, ou seja, o homem e a mulher estão de frente um para o outro, podendo o homem estar por cima ou a mulher, ou mesmo estarem os dois de lado. O importante é que os chakras umbilicais se acoplem, se unam. Nessa união, há uma fortíssima troca de energias, de forças, principalmente quando há amor entre o casal que se une sexualmente.

É interessante notar que em nenhuma outra posição sexual há essa união dos chakras umbilicais. E isso não é por

46

acaso. Essa posição conhecida como "papai-mamãe" nasceu com o ser humano. Nenhum animal tem relações sexuais nessa posição. Nenhum animai se une sexualmente olhando o parceiro ou a parceira nos olhos, conversando, trocando carícias, dizendo palavras carinhosas. Somente o ser humano, e somente aqueles que se amam, sentem essa transfusão de energia. Por isso, jamais dois casais poderão sentir o mesmo prazer, nem a mesma troca de energia, que depende do grau de sentimento e de afetividade que haja entre o homem e a mulher.

Temos conhecimento de que os homens antigos se promiscuíam sexualmente com os animais. Isso não apenas era uma realidade, como ainda é. Nas zonas rurais de países atrasados ainda há prática sexual com animais, principalmente por parte de jovens. Mesmo nas grandes cidades, há prática de sexo com animais, como cachorros e macacos. Algumas vezes, em apartamentos onde as pessoas pagam para assistir. Como vemos, essas práticas não eram "privilégios" dos bárbaros e primitivos.

Outra singularidade é que os homens conservaram as práticas de posições sexuais dos animais, seus antepassados e contemporâneos. Hoje, ainda se praticam posições animalescas, em que o homem, o ser humano, se degrada moralmente, e desce a um nível mais baixo do que o dos animais. Estes não têm a inteligência que nós temos. São instintivos. E muitas vezes incitados pelos homens. Não há justificativa para o homem continuar bestial. Certas práticas sexuais, certas posições, próprias de animais, são impróprias ao homem. A anatomia e a biologia humanas o comprovam. O ângulo de inclinação dos órgãos genitais do homem e da mulher não são próprios para certas práticas sexuais, certas posições, que são adequadas a algumas espécies animais. Por outro lado, a posição frontal é a que maior ajuste proporciona aos órgãos genitais humanos. A natureza é sábia.

A evolução segue o seu ritmo de aperfeiçoamento constante, sempre corrigindo os erros, aparando as arestas.

Os mais aptos, os mais bem adaptados, são os que sobrevivem.

Quando o homem fizer a sua revolução interior, colocando o sentimento acima da matéria, acima do prazer momentâneo, sentirá muito maior prazer no ato sexual, porque haverá uma troca de energias muito mais intensa.

O prazer, ou o clímax do prazer, o orgasmo, é muito mais forte quando os charas estão acoplados, e há amor acima da busca do prazer.

Coma revolução do sentimento, o sexo voltará ao seu lugar, ou melhor, chegará aonde ele deve chegar, que é a união dos seres, visando a reprodução, a troca de energias e de carinho.

O sexo não visa unicamente a reprodução, como muitos pensam.

A troca de hormônios é atestada pela medicina. E a troca de energias começa a ser descoberta pela ciência, e comprovada.

O que diziam os iogues e o que dizem os espíritas começa a ser comprovado. O sexo é importante, pois através dele a vida nasce. Mas não devemos nos apegar a ele, não devemos viver para ele e por ele.Devemos desfrutar dele, mas não viver pensando nele. Ele deve ser bem utilizado, com responsabilidade. Quem resolve ter um encontro sexual deve assumir a possibilidade de uma gravidez. Deve ter maturidade para encará-la, caso ocorra. E deve ser capaz de ver no feto uma vida que está sendo gerada.

A quantidade de paternidade e maternidade irresponsáveis no mundo é muito grande. E isso se deve à falta de conhecimento, educação ou irresponsabidade. Devemos assumir o que fazemos. Não podemos usar uns aos outros como se fossemos descartáveis, e depois jogar fora.

Precisamos sentir mais, amar mais. O prazer carnal é momentâneo, fugidio. No mesmo instante em que ele vem, já se foi. Só o afeto, o carinho, a amizade, o companheirismo, e principalmente o amor é que ficam.

Não podemos partir para um casamento irresponsável, imaturo, tendo por base apenas uma rápida paixão pelas formas, pela beleza exterior. Precisamos buscar as formas interiores, a beleza da alma.

Quando fizermos nossa revolução, toda a nossa postura em relação ao sexo, ao casamento, à união, será revolucionada. Então basearemos tudo no amor fraternal, o único capaz de unir eternamente os seres.

Sexo sem amor é para os animais. O homem tem sentimentos, tem amor. Nossos corpos e nossa fisiologia não são mais a de nossos antepassados, os primatas. Temos, hoje, outra constituição física, psíquica e espiritual. Precisamos nos conhecer melhor, para nos compreendermos e vivermos mais de acordo com a nossa realidade espiritual. Não devemos voltar a ser feras irracionais. Devemos nos aproximar do perfeito e do belo. E o amor e o caminho mais seguro e mais curto.

CAPÍTULO VIII
A Revolução Religiosa

Quando pensamos em religião, temos que, inicialmente, nos perguntar o que significa a palavra religião. Qual a sua origem? E já sabemos ue a palavra é de origem latina. Religião vem do verbo latino RELIGARE, que significa religar. Agora já sabemos qual a origem da palavra religião. Então, vem outra pergunta: reiligar o quê, e a quem?

Ao falarmos em religar, estamos pressupondo que algo esteja desligado, separado, e que precisa ser ligado novamente. Como nasceu o termo religião? Mais adiante voltaremos a isso.

Vamos fazer uma viagem ao passado da humanidade, até o homem primitivo.

O homem, como se sabe, é descendente dos primatas. E sabemos que o seu surgimento não se deu da noite para o dia, mas lento e progressivo. O homem é fruto de um longo processo evolutivo dos primatas. Ele nasceu de um tronco, de uma ramificação, de uma espécie de primata. Sabemos que os primatas não têm um raciocínio ainda desenvolvido, pelo menos como os homens primitivos. E sabemos que os primatas, que viviam nas árvores, tinham medo de descer ao solo, por causa das feras que os atacavam.

Os primeiros homens, bípedes, por que andavam apenas com dois pés, tinham a capacidade de olhar para cima, e uma inteligência um pouco mais desenvolvida do que a dos os seus antepassados. Desceram das árvores e começaram a viver em cavernas, para protegerem-se dos animais selvagens.

À noite, na escuridão, eram frequentes os ataques de animais carnívoros, que matavam e comiam os homens primitivos. Imagine o terror que deviam sentir aqueles pobres seres indefesos, sem armas, sem força, à mercê das feras

Entretanto, quando o sol nascia, o perigo diminuía, e nossos ancestrais podiam sair para os campos para colher frutos, raízes, o que comer.

Os homens deviam ter muito medo dos animais ferozes.

Com o desenvolvimento do cérebro e, consequentemente, da inteligência, o homem deve ter começado a associar o fato e o fenômeno do nascer do sol, de uma bola de fogo, com o fato de a escuridão cessar, de tudo ficar claro, e de o perigo diminuir, em relação aos ataques das feras. Assim pode ter surgido, talvez, umas das primeiras formas de manifestação de culto a algo que está além do homem. O sol não podia ser tocado, estava distante, inacessível, acima dos homens e da terra, e quando surgia espantava as feras e a escuridão. E também aquecia. Daí pode ter surgido uma forma de culto ao sol, como um ser inteligente, poderoso, inacessível, que estava acima de todos e de tudo, reinando soberanamente.

Isso é apenas uma hipótese, mas que tem a seu favor alguns fatos históricos, como, por exemplo, alguns povos antigos que cultuavam o Sol.

Os egípcios adoravam o Deus-Sol, RA; os astecas também adoravam o sol, e a ele dedicavam templos, os templos do Deus-Sol; algumas tribos indígenas norteamericanas cultuavam o sol, e realizavam a famosa cerimônia do "pôr-do-sol", como os índios "Mãos-Amarelas". E diversos outros povos antigos cultuavam o DEUS-SOL. Terão esses cultos nascido do nada, ou apenas da criação mental do homem? Terão eles alguma relação com fatos?

Semelhantemente ao culto do sol, surgiram, ao longo da evolução da raça humana, vários outros cultos, como o culto à Lua, o culto aos trovões, aos vulcões, ao fogo. O homem sempre teve uma tendência de cultuar, temer e respeitar tudo aquilo que foge ao seu controle, ao seu domínio,

à sua inteligência. O homem sempre venerou as coisas que estavam acima dele, como o Sol, a Lua, os trovões e os raios.

O fogo, antes de ser do domínio dos homens, era algo fascinante, indecifrável, e que não podia ser explicado. Era algo que estava além do homem, além da sua capacidade de compreensão. Quando o homem descobriu que o fogo queimava, e que doía; quando descobriu que ele servia para afugentar as feras; servia para clarear as cavernas escuras; para assar a carne e para aquecê-lo nas noites frias, então nascia um novo culto, o culto ao fogo, o DEUS-FOGO. Até essa época, jamais havia o homem primitivo pensado era um ser semelhante a ele, maior, mais poderoso, que a tudo dominava.

Jamais havia o homem pensado que o fogo, ou o Sol, ou a Lua, ou os vulcões teriam criado aquela imensidão de terra plana, sem fim, com tantas espécies de animais, plantas e homens.

Houve um período, como nos mostra o filme de cinema "A Guerra do Fogo", em que os homens mantinham o fogo sempre aceso, pois ainda não sabiam como fazer fogo. Não podiam deixar o fogo apagar. E esse fato, antiguíssimo, ainda repercute até os nossos dias.

Os gregos mantinham acesa uma pira contendo fogo. Ela não podia apagar jamais. Hoje, as Olimpíadas ainda conservam essa tradição dos gregos, mantendo a Tocha Olímpica acesa.

É interessante notar, também, que a palavra olimpíada vem do grego "olimpus", monte sagrado da Grécia, onde habitavam os deuses gregos, cujo maior dentre eles era

Zeus. Terá alguma correlação? Será apenas coincidência?

Falamos nos homens primitivos, no culto ao Sol, à Lua, aos vulcões, trovões, raios e fogo. Mais adiante, com um maior progresso do homem, surgiu a agricultura. Nessa época, nessa fase de desenvolvimento da humanidade, já havia cultos às forças da natureza, como o vento, a chuva, o sol. Havia cultos a deuses da agricultura, da guerra, do amor. E a história nos mostra isso em todos os povos conhecidos do planeta. Não há um só povo que tenha existido e não tenha cultuado, na Antiguidade, as forças da natureza, ou supostos seres que dirigiam suas vidas, suas atividades, seus destinos.

Até a morte tinha o seu representante, o deus da morte. Nós vemos os gregos com Palas Atenas, deusa do amor e da fertilidade; os romanos com Marte, deus da guerra; vemos deuses diversos, como Ajax, Apoio, Atlas (que carregava o mundo nas costas), Diana, Hércules, Júpiter, Zeus, Medéia, Mercúrio, Hermes, Minerva, Netuno, Posidon, Odin, Orfeu, Pan, Pandora, Perseu, Teseu,Titan, Tor, Vênus, Afrodite, Vulcano e outros da Mitologia de vários povos.

É interessante notar, ainda, que todos os povos cultuavam vários deuses, vários seres com formas humanas, atributos humanos, como qualidades e defeitos, e que sempre havia um deus que chefiava, que era superior aos outros. É o que chamamos de Politeísmo, ou culto a vários deuses. Dentre os deuses chefes de cada povo, podemos citar, por exemplo, Zeus, deus maior dos gregos, que habitava o Monte Olimpo; Júpiter, deus máximo dos romanos; Odim; Tor, deus máximo dos Vikings.

Vemos, no Egito, os deuses Osíres, Isis e outros.

Na Índia vemos Isaura, Xiva (deusa da dança) e outros. Vemos Marduc, na Babilônia.

Podemos fazer uma sequência evolutiva nos cultos de diversos povos. Inicialmente, vimos o homem primitivo cultuando o Sol, a Lua, os vulcões, os raios e os trovões, e ainda o fogo. Era o temor, o medo e o respeito

53

pelas forças da natureza que não podiam ser controladas. Elas estavam acima dos homens mortais. Depois, vimos a personificação das forças da natureza, e oaparecimento do deus vento, do deus das águas, do oceano. Os orixás dos africanos são representações das forças da natureza (Ogum, Oxum, Iemanjá, Oxóssi).

Vimos os deuses da guerra, da fortuna do amor, da fertilidade, da morte e outros. E, ainda mais adiante, com a evolução dos sistemas politeístas, vimos que todos os povos politeístas criavam um deus maior, chefe de todos os deuses.

A mitologia antiga, com suas histórias e lendas, está cheia de relatos de aparições desses deuses, e de suas intervenções nos negócios humanos.

Leia-se, por exemplo, o livro "Odisséia"*, de Homero, escritor e historiador grego.

Como vimos, e a história demonstra, os povos antigos eram todos politeístas, ou seja, acreditavam em vários deuses, e os cultuavam, veneravam e temiam. Historicamente falando, a ideia do monoteísmo é bastante recente. Ela não admite a existência de vários deuses, astros como deus, culto a fenômenos naturais, personificações de forças da natureza com forma humana, e nem admite a existência de um Deus com forma humana, que é o antropomorfismo.

Até poucos séculos antes da era cristã, imperava a ideia do politeísmo antropomórfico. Os deuses eram semelhantes aos homens. E o deus maior também era semelhante ao homem.

Um dos primeiros pensadores mundiais a pensar na ideia de um só deus, foi Abraão, de Ur, na Mesopotâmia.

Abraão migrou para a região da Cananéia, com um grupo de pessoas, e depois de sua morte muitas foram viver no Egito, por causa de seca onde viviam antes.

No Egito, acabaram se tornando escravos, e séculos depois foram liderados por Moisés na saída do Egito.

Os hebreu mantiveram durante séculos que viveram no Egito a crença no Deus único, e ao se estabelecerem na chamada Terra Prometida, onde hoje é Israel, continuaram sua religião monoteísta.

No entanto, o Deus que cultuavam os hebreu, posteriormente denominados de judeus, era um Deus ainda com qualidades e defeitos humanos, como ira e vingança. Jeová era o Deus dos exércitos, que guiavam os guerreiros israelitas para as batalhas.

Em nenhum outro povo surgiu a ideia do monoteísmo como no povo hebreu.

Nem mesmo na Índia, berço da filosofia e dos pensadores milenares, surgiu uma ideia como a de Moisés.   o Bramanismo, o Hinduísmo e o Budismo, na Índia, também representaram mudanças no politeísmo, principaimente o Budismo, que acaba com a crença nos deuses.   Mas, lá não houve campo fértil para ideias novas que surgiriam na Palestina mais tarde.

Após os hebreus terem se estabelecido na Palestina, com muito custo, muitas guerras, muitas matanças, floresceu ali uma civilização, a hebreia. Cidades surgiram. E durante muitos séculos apareceram profetas, como

Daniel, Isaías, Jacó, Jeremias e, mais tarde, João Batista. Diversos profetas hebreus previam e preparavam o povo para a vinda de um Messias, de um Salvador. Nessa época, Roma dominava a Palestina, e os hebreus eram oprimidos.   João, o Batista, como era conhecido, porque batizava as pessoas nas águas do Rio Jordão, para que se purificassem, pregava insistentemente a   necessidade

do arrependimento dos erros passados, a necessidade da transformação interior, da renovação, e dizia que em breve chegaria o Messias, o Salvador.

O povo judeu, dominado há mais de sessenta anos pelos romanos, estava cansado, humilhado, e ávido pela libertação do jugo romano. Todo o povo sonhava com a vinda desse Messias, desse libertador, sobre o qual as escrituras falavam.

Todos esperavam que ele liderasse o exército judeu contra os romanos e os vencessem. As escrituras "falavam" que o povo judeu reinaria sobre setenta povos. Esse era um sonho para um povo escravizado a vida inteira, desde o cativeiro no Egito, depois na Babilônia, e depois invadido e dominado por gregos e em seguida os romanos. Era um sonho, a chegada do libertador, do Messias, para libertá-los dos romanos.

Eis que surge um homem, que nascera numa aldeia pequena e pobre, filho de um humilde carpinteiro, que saíra de casa cedo e voltara com trinta anos, e chega falando de amor, de perdão, de amar os inimigos, e dizendo-se filho de Deus. Inicialmente, foi rejeitado, apedrejado e expulso de sua Aldeia, Nazaré.

Ninguém podia aceitar que aquele filho de um simples carpinteiro chamado José, desaparecido há anos, agora voltasse dizendo-se filho de Deus, e que era o Messias, o prometido, o Salvador. Ele não foi aceito, aquele homem humilde, simples, a quem chamavam de Jesus. Mas ele continuou andando e pregando nas outras aldeias, vilas e cidades. Tornou-se conhecido, falado e admirado. Muitos falavam de feitos que ele realizava, que chamavam de milagres, como curas de aleijados, de cegos, de leprosos.

Jesus de Nazaré ficou famoso. E a cada lugar que ele ia, lá já o esperavam multidões. E corriam até a ele aleijados, leprosos e doentes de toda sorte. E Jesus, além de curar a muitos, pregava sua mensagem, de amor ao próximo, de perdão das ofensas, de desejar o bem aos inimigos. Depois que Jesus, o "profeta da Boa Nova", como alguns o chamavam, ficou bastante conhecido, e famoso, ele partiu então para Jerusalém, capital do povo Judeu. Lá residia o Rei dos Judeus, e o governador romano. Lá residiam também os doutores da lei, os sacerdotes do Sinédrio, o correspondente ao Vaticano da futura Igreja Católica. E para lá foi Jesus pregar sua doutrina, de que há muitas moradas na casa do Pai, Deus; que todos somos filhos de Deus; que devemos amar ao nosso próximo como a nós mesmos; que deve atirar a primeira pedra aquele que estiver sem pecados...

Os judeus revolucionários, que habitavam em Jerusalém, por diversas vezes tentaram convencer Jesus para que liderasse o exército judeu na luta pela libertação Mas, Jesus nunca aceitou, e tentava explicar que a libertação de que falava era a libertação do espírito; a libertação dos vícios, dos apegos aos bens terrenos, ao egoísmo, ao ódio, ao desejo de vingança, a avareza, à fortuna. A verdadeira liberdade que Jesus pregava, os homens não entendiam. Eles queriam a libertação material do jugo do Império Romano.

Então, após algum tempo tentando fazer Jesus mudar de ideia, e não conseguindo, e como os doutores do Sinédrio já haviam acertado com Judas, um dos discípulos de Jesus, para trazê-lo até eles, começava a criar-se um clina para a morte de Jesus.

A intenção de Judas era tão-somente a de que Jesus, uma vez acuado no Sinédrio, mostrasse de uma vez os seus poderes de filho de Deus. Mas isso não aconteceu, e Jesus, inclusive, sabia do fim que lhe era reservado, desde antes de ir para Jerusalém. Jesus, então, foi julgado e condenado à morte por crucificação. E houve tudo aquilo que já sabemos, até a opção oferecida por Pôncio Pilatos, entre Barrabás e Jesus, e que o povo escolheu Barrabás.

O povo Judeu, na sua maioria, não entendeu Jesus e sua mensagem de amor. Acostumados que estavam à ideia de um Deus bravo, rancoroso, ciumento e vingativo, que era Jeová, não entenderam a sublimidade da visão de Jesus em relação ao Deus de amor e bondade, que a tudo perdoa. O povo não entendia como se poderia abandonar seus bens e família para segui-lo. E não aceitaram as mudanças das regras que vigoravam desde Moisés, regras rígidas, que até mandavam apedrejar.

Jesus deu pérolas aos porcos, e estes o devoraram ao invés das pérolas.

Após a morte de Jesus, seus discípulos se dispersaram, voltando a reunirem-se no dia em que Jesus se fez visível e palpável, materializado entre eles. Foi a prevista ressurreição. o Mestre ressurgia do mundo dos mortos, e mais uma vez conversava e dava orientação a seus discípulos.

Nunca antes isso tinha acontecido em parte alguma do planeta, em nenhuma religião e em nenhum povo. Jesus mandou que seus discípulos fossem a todos os países, a todos os povos, e que pregassem a sua mensagem, a sua doutrina, a sua filosofia. E eles o fizeram, partindo cada um para um lugar diferente. Foram à Grécia, à Roma, à Antióquia, à Síria e outros lugares. E o mais importante papel coube a Pedro, a quem Jesus havia dito que seria a pedra fundamental de sua igreja.

Pedro realmente criou, a igreja, calcada na doutrina de Jesus, porém bastante auxiliado por Paulo, antigo perseguidor dos cristãos, que mudou de lado.

Os cristãos de roma, principalmente, foram muito perseguidos, e durante muito tempo. Muitos foram crucificados, queimados ou comidos pelos leões apenas por acreditarem nas palavras do Cristo Jesus. Apesar disso, o movimento nunca diminuiu, pelo contrário, aumentou muito. E muitos nobres de Roma foram convertidos ou se converteram àquela nova religião que surgia.

Muitos romanos, antes pagãos ou politeístas, passaram a acreditar em um Deus único, todo poderoso, infinito, imortal, de amor, de bondade, de justiça e perdão, como pregava o profeta da Galiléia. E então, pouco depois do ano 300 d.C., o Imperador Romano Justiniano converteu-se ao cristianismo, transformando-o em religião oficial do Estado Romano. Este fato teve duas consequências, uma positiva e outra negativa. A positiva foi que os cristãos não mais foram perseguidos e mortos, não mais precisavam se reunir nas catacumbas de Roma, e tiveram liberdade de expressar seu culto. Com isso, o número de cristãos cresceu enormemente. E o lado negativo foi que até o cristianismo puro, primitivo, realizado pelos discípulos de Jesus, começou a se misturar e se mesclar com a igreja pagã romana. Os romanos, acostumados a cultuar imagens, a fazerem rituais pagãos, como queimar incenso, a fazerem recitação e oferendas, começaram a construir templos para as reuniões dos cristãos. Com o tempo , colocaram imagens nesses templos. Imagens de seus santos, dos apóstolos; imagens do próprio Cristo, de sua Mãe Maria.

A primitiva igreja idealizada por Jesus transformava-se em parte em uma igreja pagã, onde se adoravam imagens.

Surgiu a Igreja Católica Apostólica Romana, com seus Papas sucessivos, seus rituais, hierarquia, dogmas e teologias. Durante séculos de "reinado" da Igreja Católica, muito do primitivo cristianismo foi alterado, para que fosse conciliado com os interesses materiais da Igreja, que passou a superar os interesses espirituais. Não precisamos descrever a história toda aqui, com seus contos e fatos, com as barganhas políticas da Igreja com os reis e imperadores, visando a sobrevivência da Igreja. Não precisamos descrever o período da Inquisição, dos furtos de bens, terras e vidas por parte da Igreja.

Por volta de 1500, aproximadamente, com a invenção da imprensa de Gutemberg, foi compilado o primeiro livro do mundo, a Bíblia Sagrada. Consistia em uma reunião de livros antigos, de autores diversos.

A gênese e outros livros do Antigo Testamento tem autoria atribuída pela antiga tradição rabínica a Moisés. Outros livros do Antigo Testamento foram escritos por autores desconhecidos. E os Evangelhos, em número de quatro, foram escritos por apóstolos de Jesus, ou discípulos dos apóstolos.

Atente-se para o detalhe de que à época da compilação da Bíblia (por volta de 1.500) existiam cerca de trezentas versões dos Evangelhos espalhados pelo mundo antigo.

A Igreja os reuniu, escolheu criteriosamente aqueles que melhor se adaptavam aos seus interesses e os colocou na Bíblia.

A Igreja Católica espalhou-se por praticamente todo o mundo.

Os padres e missionários foram ao Japão, à China, à Índia, à Rússia, a toda a Europa e Amérca mais tarde. A Igreja influenciou muita coisa na história do mundo.

No entanto, precisamos ter vista aberta e clara para vermos que outras religiões existiam além do Cristianismo, além da Igreja Católica. Na Índia existia, há muito tempo, o Bramamsmo, com seu sistema de castas rígido. Existia também o Budismo, iniciado com Gautama, um príncipe, filho do Rei Asoka, do Nepal, que largou fam ília e fortuna para dedicar-se à busca da verdade, das causas do sofrimento, das causas de todas as coisas, e como se poderia livrar desse mundo de sofrimento. Sidarta Gautama, quando se iluminou, entrou no estado de Boddy, tornou-se um Buda, um iluminado. Por isso ele ficou conhecido como Buda (iluminado), e da sua filosofia nasceu o Budismo, que mais tarde também seria transformado em religião. E também seria deturpado, como a doutrina de Jesus, só que muito menos.

No Budismo, na "igreja" budista, também colocaram imagens, colocaram altares para oferendas de comida e lugares para se queimar incenso. Agora, note-se que nem Jesus nem Buda adoravam imagens, queimavam incenso ou faziam oferendas. Ambos pregavam contra isso.

Ambos andavam pelo mundo, pregando ao ar livre, debaixo do sol, chuva e estrelas. Nenhum dos dois imaginaram que suas doutrinas seriam desvirtuadas e que dariam nascimento às duas maiores igrejas e religiões do planeta. A Igreja Budista nunca obteve poder na Terra como a Católica, nem intrometeu-se em guerras mais, como as cruzadas. Nunca fez inquisição nem tomou terras de ninguém. Neste particular, a "igreja" budista superou o catolicismo. O Budismo admite a reencarnação, a vinda de um ser em mais de um corpo diferente, processo este através do qual o ser evolui. Admite o karma, que é toda ação boa ou má praticada pelo homem, e que cria e gera consequências para o futuro.

Os indianos de religião Hindu acreditam na reencarnação há milênios. Esse fato é corriqueiro e natural entre eles.

Os missionários e padres cristãos que foram para a Índia, China e outros países onde dominava a religião budista, não compreenderam a fiiosofia e doutrina budistas, e por isso disseram que ela era ateísta, que não acreditava em Deus, o que demonstra uma falta de conhecimento mais profundo do Budismo.

Uma outra religião que surgiu após o Budismo, o Hinduísmo, o Judaísmo, o Cristianismo, e outras, foi o Islamismo, iniciada com Maomé, o profeta árabe. Ele dizia receber as mensagens de Alá, seu Deus. Daí surgiu o Alcorão, livro sagrado dos muçulmanos, assim como o é a Bíblia para os católicos, o Torá dos judeus, os Vedas, Upanishades e Puranas dos Bramames; os livros dos budistas, o "livro dos mortos" tibetano, o"livro dos mortos" egípcio. Diversas religiões e seitas têm seus livros sagrados, que resumem sua doutrina, sua religião, sua ciência, sua filosofia.

Na Idade Média existiam os Alquimistas. Hoje existem os Rosa-Cruzes, os Maçons, a Ku Klux Klan, os teosofistas e centenas de outros movimentos religiosos e filosóficos. São centenas de seitas. Centenas de religiões que nasceram de outras já existentes, modificadas as interpretações dos livros iniciais. É o caso dos Protestantes, dos Adventistas, das igrejas renovadas, da Igreja do Evangelho Quadrangular... São centenas de igrejas que nasceram só a partir da mensagem de Jesus. Por que essa diversidade de interpretações e interesses?

Vamos mudar um pouco de assunto.

Se pegarmos os livros de todas as religiões, de povos e raças diversas, veremos que em todos eles há relatos de fenômenos, de aparição de anjos, santos, espíritos, demônios, deuses. Falam- se em visões, sonhos, profecias, e outras coisas mais. Esses relatos não são exclusividade de nehuma religião. E a Bíblia está cheia de aparições, visões e intervenções do mundo espiritual ou de Deus no mundo dos homens.

Em diversos povos primitivos, existiam pessoas capacitadas para serem intermediárias entre o mundo dos mortos e o mundo dos vivos. Eram os feiticeiros de tribo, como na America do Norte; eram os curandeiros, as pitonisas dos oráculos, os magos, os bruxos, os pajés.Alguns viam os espíritos, outros ouviam. Alguns sonhavam. Até hoje, em quase todos os países do mundo, há pessoas assim, consideradas paranormais, sensitivas, médiuns.

Dos Estados Unidos e Brasil à África, em todos os lugares encontraremos pessoas assim.

O século dezenove foi um século de grandes avanços e conquistas científicas. Toda a ciência foi impulsionada. Até sobre magnetismo já se estudava, sobre eletricidade e outras formas de energia.

Na Suíça existia, no século passado, uma escola, tida como modelo por todos os pedagogos, pensadores e governantes da Europa. Era a Escola do notável pesquisador Pestallozi , para onde acorriam alunos de todas as partes do mundo, inclusive do Brasil. Pestallozi ficou conhecido como um grande cientista e um incentivador do ensino. Era um homem espiritualista, preocupado com uma educação que desenvolvesse os potenciais criativos das pessoas, e que desenvolvesse e aperfeiçoasse o caráter e a moral do homem. Era ura professor idealista.

Nas primeiras décadas do século dezenove, fenômenos que ocorriam na casa de uma família em Hydesville, um vilarejo nos Estados Unidos da América, chamaram a atenção, primeiro, da famtfia, depois, da população local, e por último da imprensa. Na casa da família Fox, duas filhas pequenas do casal escutavam todos os dias pancadas e estalidos, nos móveis e nas paredes.

Como elas eram ainda jovens, começaram a brincar com o fenômeno. Elas perguntavam através de batidas, e obtiam respostas através também através de batidas. Elas davam um certo número de pancadas e logo em seguida ouviam a repetição de igual número de pancadas. Passaram, então, a fazer perguntas infantis, e pediam que respondesse com um número de pancadas, caso fosse sim a resposta, e com outro número, caso fosse não. As respostas não tardavam. Aquilo atraiu a atenção dos pais, e também dos vizinhos.

Em seguida começaram os movimentos em uma mesa, que girava, se elevava no ar e dava pancadas no chão. Isso chamou a atenção da imprensa.

Logo, jornalistas de diversas cidades acorreram para ver e noticiar o fenômeno. A família Fox mudou-se para Nova York, e passou a realizar shows em salões. Esse fenômeno popularizou-se com o nome de "Mesas Girantes", devido ao movimento da mesa, circular, ao redor da qual se sentavam algumas pessoas. Após algum tempo, outras pessoas surgiram, apresentando o mesmo fenômeno, como shows, atraindo a atenção cada vez maior da imprensa e de alguns cientistas, que ficavam intrigados com o estranho fenômeno, sem causa física e sem explicação. William CrooKes foi um dos cientistas que se ocupou em estudar o fenomeno das "Mesas Girantes", na Inglaterra.

Depois de muito alvoroço na América, finalmente esses shows chegaram à Europa. E então, muitos pesquisadores deles se ocuparam. Dentre muitos, um pedagogo famoso, professor conhecido na França, de nome Hypolite Leon Denizard Kivail, que estudara no Instituto do Professor Pestallozi, na Suíça, parou para estudar o fenômeno, após ter ouvido falar dele. o Professor Rivail dedicou-se a estudar demoradamente o fenômeno, utilizando para tal algumas pessoas que pareciam provocá-los, ou pelo menos suas presenças eram necessárias para que ditos fenômenos ocorressem. O Professor Rivail criava códigos para as respostas da mesa, com número de pancadas para o sim e para o não.

Ele observou que havia alguma inteligência naquele fenômeno, independente da inteligência das pessoas presentes. As respostas eram inesperadas, fora do dormínio dos presentes.

Passou ele, então, a formular códigos mais complexos, com número de pancadas para cada letra do alfabeto. Começou a receber mensagens, dissertações, em código Morse. As mensagens, às vezes, eram independentes das perguntas, independentes do nível cultural dos presentes.

O Professor Rivail estava perplexo, principalmente diante do fato de ter perguntado àquela inteligência que causava o fenômeno o que era ela, e de ter-lhe sido respondido que era um espírito de uma pessoa que vivera na Terra.

Ninguém havia pensado nessa hipótese. A resposta não poderia ter sido induzida. E, em seguida a algumas sessões de perguntas e respostas, o espírito comunicante mandou que ninguém pegasse uma cesta pequena num quarto ao lado de onde eram realizadas as sessões, e que adaptassem lápis à cesta. O lápis deveria ser enfiado na cesta, e esta deveria ficar com a abertura para baixo, de modo que a ponta do lápis tocasse um papel colocado embaixo da cesta. O processo foi feito. Uma ou várias pessoas colocavam a mão na cesta, e esta deslizava sobre o papel, sem que ninguém pudesse ver o que estava sendo escrito. E, assim, por meio desse método, chamado ae psicografia indireta, muitas mensagens e dissertações altamente filosóficas e científicas foram escritas, comprovando que eram independentes da inteligência e do conhecimento dos médfins.

O termo médium foi utilizado porque significa intermediário, medianeiro, ponte, entre o mundo material e o mundo dos espíritos. A palavra é de origem latina - MÉDIUM. Após algum tempo, os espíritos comunicantes passaram a utilizar-se diretamente da mão dos médiuns, sem que estes interferissem. Nascia assim, a psicografia direta, mais prática e mais rápida.

O Professor Rivail recebeu três vezes, por médiuns diferentes e em lugares diversos, mensagem falando-lhe de sua missão, que seria a de codificar uma doutrina filosófica, religiosa e científica.

Passou ele, então, a realizá-la, formulando perguntas aos espíritos, e recebendo deles as respostas.

Rivail passou então a organizar as perguntas e respostas por ordem lógica e didática, visto ser ele um grande pedagogo. Desse trabalho monumental, nasceu o que hoje se conhece por ESPIRITISMO. O termo vem de espírito. E significa a crença na existência dos espíritos e sua comunicação e interferência no mundo material.
Espiritismo, segundo Rivail, e segundo os espíritas, é ciência, filosofia e religião. Tem tríplice aspecto E o espiritismo, ao contrário das outras religiT5?%, que nasceram de uma revelação de um só homem, nasceu da revelação dos espíritos, sem que os homens o provocassem ou o quisessem. Veio sem que ninguém o esperasse.

O Professor Kivail, aconselhado pelos espíritos, adotou o pseudônimo de Allan Kardec, nome que tivera em umaencarnação passada, na França, quando fora um sacerdote druida. E assim ele é conhecido até hoje, no mundo inteiro. Em 1.857, Allan Kardec publicou o primeiro exemplar da Codificação Espírita, "o LlVRO DoS ESPÍRITOS", em que os espíritos respondem sobre Deus, Universo, espírito e matéria, formação dos mundos, vida e morte, reencarnação, intervenção dos espíritos no mundo corporal, leis morais e uma infinidade de coisas mais.

Logo em seguida, em 1.861, Kardec lança "o LIVRO DOS MÉDIUNS", falando sobre mediunidade em seus diversos tipos. Aborda esse livro temas como a ação dos espíritos sobre amatéria, as manifestações físicas, as manifestações visuais, os lugares assombrados, médiuns audientes, videntes, falantes, e outros assuntos de grande importância.

Depois, em 1.864, Kardec lança o "O EVANGELHO SEGUNDO O ESPIRITISMO", em que os espíritos esclarecem passagens evangélicas e a doutrina de Jesus. Esse livro é o sustentáculo moral do edifício do Espiritismo.

Depois, Kardec lança "O CÉU E O INFERNO", em 1.865, onde há depoimentos de espíritos diversos, que viveram na Terra, que ocuparam posições diversas na sociedade, desde Reis e Rainhas até mendigos, e o que lhes aconteceu após a morte do corpo. São depoimentos verdadeiramente interessantes

Após, vem "A GENESE SEGUNDO O ESPIRITISMO", em 1.868, que trata da criação do Universo, criação da

Terra, dos seres vivos, do homem biológico e do espírito. É a Genese material e espiritual.

Por último, surge "OBRAS PÓSTUMAS", em 1.869, contendo explicações e relatos de Kardec sobre sua vida,

principalmente durante o tempo em que trabalhou com os espíritos realizando o grandioso trabalho da codificação.

Dizem que a revelação que Moisés recebeu, e que nos deixou, foi a primeira grande revelação. A revelação de Jesus foi a segunda grande revelação, pois foi muito além da de Moisés. E Jesus disse que nos enviaria o "Consolador", que nos explicaria coisas que na sua época não podiam ser ditas.

O espiritismo foi a terceira Revelação, cumprindo a promessa de Jesus, clareando ainda mais para os homens as coisas espirituais, a vida invisível, o fato da reencarnação e da evolução do espírito, a existência de outros mundos habitados, a relação do mundo material com o espiritual, a lei de causa e efeito, as leis morais. O Espiritismo tem uma grande vantagem, ele não é estático, é dinâmico, O Espiritismo avança e evolue com a ciência, porque ele é ciência.

As revelações dos espíritos chegam até nós de acordo com nossa capacidade de compreensão. Quanto mais a ciência avança, quanto mais crescemos em conhecimento, tanto mais os espíritos nos ensinam e revelam as verdades do mundo invisível.

Há no mundo milhares de livros psicografados, contendo assuntos variados, falando de tudo que se possa imaginar. Livros científicos, filosóficos e morais.

O Espiritismo não é uma religião, no sentido vulgar da palavra, pois não tem hierarquia, padres, papas, rituais ou dogmas rígidos. Mas é religião no sentido verdadeiro e primitivo da palavra, que vem do latim RELIGARE, que significa religar. Ele visa religar o homem a Deus, seu criador. Ele visa ajudar o homem a crescer, a modificar-se interiormente, a reformar-se moralmente, a evoluir em saber e em amor, para que possa chegar cada vez mais próximo da luz, que é DEUS.

A revolução religiosa não consiste apenas em escolher esta ou aquela religião, mas em ser religioso no sentido primitivo da palavra. Ser religioso não quer dizer que se tenha qualquer religião particular, mas quer dizer que se está procurando a união com o Criador, com DEUS.

O homem começou venerando o Sol material, e terminará venerando o Sol espiritual, que irradia sua luz, seu AMOR, sua Energia, em todas as direções. Essa é a verdadeira religião, que não gera intolerância, preconceito, lutas, conflitos e guerras. Se se acredita em um ser Superior, que a tudo e a todos criou, não se pode matar e lutar com seus próprios irmãos, pois que todos somos criações DELE. Ternos que nos amar e trabalhar todos juntos pelo progresso da humanidade, independente de religião, raça, cor, credo ou ideologia política. O verdadeiro homem religioso não é intolerante, não persegue a ninguém por causa de seus pensamentos e ideias divergentes.

O religioso verdadeiro compreende a necessidade que ainda há de todas essas religiões que existem. Cada pessoa tem necessidades próprias. Alguns ainda precisam tomar sangue de animais em seus cultos; outros precisam de rituais; outros precisam fazer oferendas; outros precisam de imagens materiais; outros precisam de pessoas que sejam intermediárias entre elas e Deus, achando que não podem dirigir-se diretamente a Ele. Há todo tipo de necessidade religiosa e de culto. Por isso, temos que ser tolerantes e compreensivos. Não devemos perseguir nenhuma religião nem desacreditá-la.

Precisamos, antes, procurar aproximar e unir, cada vez mais, todas as religiões, que se encontram tão distantes, sectárias, radicais e intolerantes. A união é necessária. É hora de unir corações, para fazer um mundo melhor e mais feliz.

CAPITULO IX

A Revolução do Amor

Vimos, desde o primeiro capítulo, falando em revolução.

Agora, o que vamos dizer poderá parecer contraditório, mas, na realidade não é. Diremos que não acreditamos em revolução, mas apenas em evolução, que é a mesma palavra REVOLUÇÃO sem o R inicial.
Revolução é mudança brusca, e de certo modo violenta. E o ser não muda bruscamente, mas evolui paulatina e progressivamente.

A evolução é um processo contínuo e progressivo de maturação do espírito, envolvendo o seu autoconhecimento, o seu desejo de mudar interiormente, o seu esforço de mudança e a concretização desta.

A natureza não dá saltos. Não se pula da imaturidade para a maturidade em pouco tempo. São necessários exercícios de aprendizagem, experiências de maturação, e, principalmente, o tempo fermentador da conscientização. A consciência só vem com a sedimentação das experiências e lições aprendidas pelo ser espiritual.

Falamos em revolução econômica, política, educacional, sexual, religiosa, na tentativa de mostrar como o mundo poderá ser transformado a partir da mudança interior do próprio homem. Mas, na verdade, sabemos que essa mudança externa não ocorrerá da noite para o dia.

A realidade de certo modo utópica de que falamos poderá ser a realidade de amanhã. Isso só depende de nós, de nossa conscientização da necessidade de mudar.

Nenhuma mudança substancial ocorrerá no mundo sem que nós mudemos. Esperar por uma mudança apenas externa é iludir-se, e, acima de tudo, fugir ao esforço que nos cabe no processo evolutivo do mundo.

Comumente falamos tanto em mudanças na sociedaoe, em transformação e em revolução social. Mas nossas conversas são quase sempre superficiais, pois não penetramos no âmago do problema.

Falamos em mudança de governo, de ministros, de programas e pacotes econômicos, de direcionamento, de sistemas político e econômico. Mas, nunca falamos de egoísmo e de falta de amor. E se percebermos bem, veremos que quase todos nós somos egoístas, em maior ou menor grau. Visamos sempre obter o melhor para nós e nossos familiares, e o restante vem depois. Essa postura afeta a economia, a política e tudo o mais. O egoísmo é o maior problema nosso, e não fazemos nada para terminar com ele.

Um ser egoísta é como um círculo cercado por setas voltadas para ele, significando que tudo se dirige a ele, que tudo gira em torno e em fuunção dele.

o egoísta é o centro do universo, a pessoa mais importante do mundo. Quase todos nós somos assim. Por isso nossa sociedade é egoísta, porque nós somos a sociedade, e somos egoístas.

A sociedade é apenas um reflexo nosso. Ela reflete o interior das pessoas que a compõem. Quando revertemos ou invertermos essaposição,

fazendo com que as setas ao nosso redor mudem de direção, objetivando o exterior, que é a sociedade, então seremos seres voltados para o conjunto da sociedade. Deixaremos de ser o centro para o qual tudo deve convergir, e seremos polos irradiadores de enegia, trabalho, luz, força, conhecimento e amor para toda a sociedade. Aí, então, deixaremos de trabalhar apenas para nós e nossa família, e passaremos a trabalhar para o conjunto inteiro da sociedade.

Cada ser, cada cidadão, trabalhará para todos, produzindo o máximo que puder, sem visar lucro

abusivo e egoísta.

O estado de consciência caracterizado pelo círculo com as setas voltadas para fora, a que nos referimos como simbolismo, é o estado de doação de si mesmo para o todo, ou para todos. É o estado de amor, é o mais perfeito socialismo,

pois o ser volta-se totalmente para a sociedade dos seres que o cercam.

Se cada um de nós vivenciarmos esse estado de amor e doação de si mesmo, o mundo será transformado de verdade. No momento em que todos nos conscientizarmos dessa realidade, começarmos a nos amar, e a trabalhar visando o bem de todos, o bem-estar da coletividade, tudo se transformará.

Sem essa mudança, sem essa reversão do egoísmo em socialismo do amor ao próximo, nada mudará em essência, mas apenas em aparência. Se quisermos mudar o mundo sem mudarmos antes a nós mesmos, será como mudarmos de roupa sem tomarmos banho. Você veste a roupa limpa e ela imediatamente se suja com suas impurezas e sujeiras. É esforço inútil.

Imagine, como exemplo, uma repartição pública qualquer, em que os funcionários que nela trabaiham não sejam egoístas, mas socialistas do amor. Eles trabalham com amor, com dedicação, dando o máximo de si mesmos, doando-se integralmente pelo amor a todas as pessoas da sociedade, que serão beneficiadas pelo seu trabalho. Nada como o trabalho por amor à humanidade. Traba

lho desinteressado, não egoísta.

Imagine isso no trabalno dos políticos, dos agricultores, dos industriais, dos comerciantes, dos administradores, dos varredores de rua, dos pedreiros, carpinteiros, mecânicos, policiais...Isso seria evolução, nao violenta, mas por conscientização e amor.

Já dizia Gandhi que "o amor é a força mais sutil do mundo". E realmente é. O amor pode tudo. Pode dissolver o ódio, o rancor, o desejo de vingança, a agressividade e as guerras, a intolerância. O amor somente constrói. Ele é a maior força de construção e união que existe no cosmos. Desde as pequeninas partículas que se unem para formar os átomos, até os gigantescos astros que se atraem mutuamente, há o amor evidenciado na natureza. O amor é a essência de Deus, pois Deus é amor.

Por isso, tudo no universo tende a atrair-se mutuamente. Nao há e não pode haver ódio eterno.

Esse estado é ape-nas transitório e passageiro, para experimentarmos estados contrários ao amor. Mas apenas este sobrevive aos tempos sem fim. Apenas o amor é eterno.

Precisamos abrir nossos corações para o amor, que é Deus, nele entrar e habitar. Precisamos amar, amar muito, a todos, indistintamente, sem escolha racional de sexo, idade, raça, cor, credo ou crença religiosa, políticas ou ideológica. Todos somos irmãos. Todos somos da mesma essência, tivemos a mesma origem espiritual, e caminhamos juntos, na mesma estrada, nessa caminhada sem fim que é a evolução. Devemos tornar nossa caminhada o mais agradavel possível, nos amando, uns aos outros, fazendo aos outros aquilo que gostaríamos que os outros nos fizessem, e trabalhando com amor pela felicidade material e espiritual de todos os nossos irmãos.

Somos espíritos ou almas em evolução, em crescimento, em amadurecimento de consciência. Devemos nos auxiliar mutuamente nessa jornada da vida. Devemos mudar, nos transformar interiormente, para que o mundo reflita nossa mudança interna. Essa é a única mudança real, as outras são reformas apa

rentes, externas, instáveis e superficiais.

Enquanto o homem for superficial em seus desejos de reforma; enquanto permanecer na busca de melhorias sociais fora de si mesmo, viverá em ilusão, jogando esforço fora, porque o exterior é aparência, não é essencia.

O que é externo e superficial muda com facilidade e rapidez.   Não há solidez   nas "mudanças de casca".

Somente quando aprendermos a amar de verdade, nos doando, sem nada pedir em troca é que as coisas mudarão.   Quando a lei do amor imperar entre os homens, regendo suas vidas e suas relações dentro da sociedade,   então não haverá guerras nem ameaças de guerras; não haverá mísseis ameaçando a nossa existência física; não haverá fome, e o alimento será abundante; nao haverá ignorância e analfabetismo; não haverá corrupção, furtos,   roubos, apropriação indébita   ou   invasão   de propriedade   alheia;   não   haverá   desequilíbrio   entre   o capital e o trabalho, pois todos trabalharão para todos, e cada um ganhará de acordo com sua qualificação e o tempo de trabalno; não haverá intolerância religiosa, pois os homens compreenderão que Deus é um só, único, infinito, eterno, transcedente a   todas   as   formas   de   manifestação que conhecemos; não haverá egoísmo ou ódio.

Esse poderá ser o mundo de amanhã, equilibrado, pacífico,   ordeiro,   onde   reinará o amor   verdadeiro   entre todos nós.

Quando Jesus esteve entre nós, em corpo, há dois mil   anos,   trazendo   sua   mensagem   de   amor, não   o compreendemos.   Continuamos cegos,   a odiar, a fazer guerras e a destruir.   Não compreendemos   que   a   sua mensagem era essencial para   a   mudança   do   ser   e, consequentemente, para a mudança do mundo.

Ele se foi, fisicamente, e centenas de religiões surgiram no mundo a partir de interpretações pessoais desua mensagem originai.

Quanta intolerância por causa de divergências de interpretações!E Jesus falava o tempo todo de amor ao próximo!   Amar ao próximo como a si mesmo, dizia ele.   Apenas isso, sendo posto em prática, transformaria todas as pessoas e todo o mundo.

Nós, porém, insistimos nos caminhos mais longos e dolorosos, das guerras, das destruições, perseguições

e egoísmo.

Preferimos permanecer na nossa periferia covarde da vida a ter que nos esforçarmos para mudar interiormente, mudar nossa essência.

Milênios e milênios de guerras, revoluções e assassinatos, violência e terror!

Quando vamos aprender que só o amor vai acabar com tudo isso?

Serão necessários mais alguns séculos de tudo isso que aí está para que compreendamos que já é hora de crescer? Não nos sentimos já cansados de lutas no sentido mais amplo?

Por que não damos uma chance ao amor? Vamos nos olhar como irmãos que somos. Vamos nos doar uns aos outros, desinteressadamente, como nos

deram exemplo Jesus, Buda, Sao Francisco de Assis, Madre Tereza de Calcutá e Irmã Dulce. Quantas pessoas maravilhosas já viveram neste mundo e nós não demos valor. Muitos ainda vivem, ao nosso lado, e nós não os percebemos.

Estamos muito envolvidos em transações lucrativas, vícios degradantes, interesses mesquinhos e egoístas, ou voltados para futilidades e debates estéreis sobre mudança da sociedade. Quando compreenderemos que é perda de tempo discutir e até matar por um mundo melhor, sem primeiro mudarmos qualitativamente nosso próprio ser?

Não haverá jamais um socialismo como o que nós sonhamos enquanto formos essencialmente egoístas.

Um aglomerado de pesssoas egoístas só pode gerar uma sociedade egoísta.

Se a sociedade somos nós, como poderá ser de outra forma? Pode uma pessoa ser egoísta e socialista ao mesmo tempo? Pode uma pessoa egoísta doar-se aos seus irmãos e companheiros de caminhada evolutiva?

Entendemos que é hora de mudarmos realmente. Chega de guerras e sofrimentos! Chega de fome e miséria! Chega de ignorância e violência social!

É hora de união de todos nós. É hora de união de corações, união de religiões, união de políticos.

A hora é de união; isto é amor. Este é o desejo do Criador. Vamos deixar o Seu Amor infinito penetrar e tomar conta de nossos corações. Deixemos a lei de Amor reger nossas vidas, nossos passos, nossa evolução. Vamos fazer a maior Revolução deste Planeta. Vamos fazer a Grande Revolução, a Revolução do Amor, porque somente essa poderá ser uma verdadeira revolução. Vamos tornar realidade o sonho de Sócrates, Platão, Confúcio, Lao-Tse, Crisna, Buda, São Francisco de Assis, e Jesus, muitos dos quais morreram por amor à humanidade.

Vamos fazer de seus sonhos nossos sonhos. E vamos tornar esses velhos sonhos em realidade.

Nós podemos! Cada um de nós só tem que mudar a si mesmo. Valerá a pena o esforço, pois teremos um homem novo, e um mundo novo, sem violência nem fome, reinando a paz, a união, a fraternidade e o amor entre todos. Basta que cada um de nós comece a se conhecer e a se transformar interiormente, desejando amar e deixando o Grande Amor que é Deus penetrar em nosso ser, que também tem amor em sua essência.

O amor pode tudo! "O mundo não é feito de barro, é feito de aço; e só aqueles que possuem vontade de ferro são capazes de modificá-lo", já dizia um físico inglês.

Então, desenvolvamos uma vontade de ferro, vontade firme de mudar.

Trabalhemos pela nossa reforma íntima, reforma moral. Se todos quisermos, poderemos realmente modificar o mundo. E não se preocupe com a mudança dos outros.

75

Você deve mudar índependentemente de os outros mudarem ou não.

Se você mudar, se você fizer a sua Grande Revolução interior, a sua Revolução do Amor, o mundo já será um pouco melhor, porque será um pouco menos ruim do que era antes.

A cada momento em que um de nós realiza a sua Grande Revolução interior, o mundo perde um agente violento, egoísta, mau e individualista, e ganha um ser bom, cheio de amor por tudo e por todos, pacífico, e que é capaz de doar até a própria vida, se preciso for, pelo bem-estar de toda a humanidade.

Buda já dizia, há dois mil e quinhentos anos atrás, que a

maior contribuição que uma pessoa pode dar ao mundo é luminar-se. E a ilumina ção consiste na compreensão e conscientização de que não somos seres absolutamente separados uns dos outros, mas interligados, interdependentes, e gerados pela mesma fonte criadora. A ilusão de separatividade deve desaparecer, e reinar então a realidade do amor, da integração, da comunhão, da fraternidade total.

Você que acaba de ler estas páginas, medite com carinho em tudo o que dissemos. Analise, pese, observe a realidade do mundo, das pessoas,

e, principalmente, sua própria realidade. Decida se vale a pena o esforço de mudança. Descubra a força do Amor. E, acima de tudo, viva o amor integralmente.

Vale a pena amar e revolucionar a você mesmo e ao mundo?

Se você acha que sim, comece sua Grande Revolução agora mesmo.

Printed in Great Britain
by Amazon

47050997R00050